Carving Mexican Wrestlers

Ballo Rebora

Schiffer Publishing Ltd

4880 Lower Valley Road, Atglen, Pennsylvania 19310

Dedication

I would like to dedicate this book to the sweet memory of my beloved Dad, my Pa…

May 12, 2009 (R.I.P.)
You will live with me forever ….

I would also like to dedicate this book to the memory of Peter Schiffer, who fulfilled my wish of seeing my love for the art of woodcarving in print.

I will always remember you my friend.

Dedicatoria

Yo dedico este libro a la memoria hermosísima de mi amadísimo Padre. Mi Pa…

Mayo 12 2009 (q.e.p.d.)
Vivirás en mí por siempre….

Quisiera también dedicar este libro a la memoria de Peter Schiffer, quien hizo posible que uno de mis sueños, publicar mi arte, fuera una realidad..

Siempre te recordare mientras Yo viva.

Other Schiffer Books By The Author:
Carving a Bull Fighter & the Bull. ISBN: 9780764329104. $14.95
Carving the Mariachi. ISBN: 9780764331473. $14.99

Copyright © 2010 by Ballo Rebora

Library of Congress Control Number: 2010939535

Designed by Mark David Bowyer
Type set in Bodoni Bd BT / Zurich BT

ISBN: 978-0-7643-3604-1
Printed in China

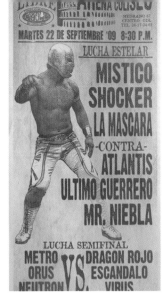

Contents

(Contents in Spanish follows)

Sumario

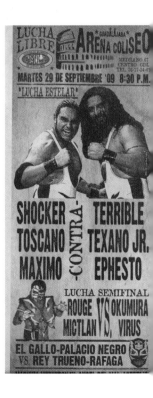

Acknowledgments

Once again, and thank God I have been here and done this before, I am grateful for all the people who helped me in their own ways to make this third book possible. I would like to first mention Pete Schiffer and Nancy Schiffer for continuing to support my carvings.

Special thanks to Jeff Snyder for his invaluable work, taking all the pictures and writing all the captions and spending so much time in the studio with me during the creation of this book.

I have to thank, as always, all the staff from Schiffer Publishing for making me feel very much at home every time I go for a carving mission in Atglen, Pennsylvania.

Thanks to Marv Kaisersatt and Fred Zavadil for all they taught me.

And, finally, I would like to thank all the carvers out there who enjoy the same passion as I do for this wonderful form of art that keeps us busy and encouraged by the daily satisfaction that comes from carving a little more on our "Piece of Art" of the moment.

Ballo Rebora

Agradecimientos

Una vez mas, y gracias a Dios y por tercera vez he estado aquí y hecho esto antes, Estoy muy agradecido con toda la gente que a su manera hicieron posible la realización de este tercer libro. En primer lugar quiero agradecer a Nany Schiffer y Pete Schiffer por seguir apoyando mis tallas.

Quiero agradecer especialmente a Jeff Snyder por su tiempo he invaluable trabajo en la realización de este libro.

Agradezco a todo el equipo de Schiffer Publishing por siempre hacerme sentir en casa cada vez que voy a una misión de tallado en Atglen, Pennsylvania

En este libro quiero agradecer a dos maestros Carvers en especial, a Marv Kaisersatt y a Fred Zavadil por las cosas que aprendí de ellos.

Agradezco nuevamente a mí amada esposa Guby por su entusiasmo y apoyo incondicional .

Finalmente agradezco a todos los talladores que comparten al igual que yo, el placer de tallar madera.

Ballo Rebora

Introduction

The origins of the *Lucha Libre Mexicana* dates to the year 1863. The records show that this form of "wrestling" was introduced into Mexico during the French intervention. In 1910, the Italian Giovanni Relesevitch arrived in Mexico, along with his theatrical company. On September 1933, Salvador Luttherot Gonzalez created the *Empresa Mexicana de Lucha Libre* (Mexican wrestling company). For this creative act, he is considered the father of this form of sport. Today, this company *still exists* and it is consider the best here in Mexico and around the world.

It is now known as *Lucha Libre Mexicana* (Mexican wrestling), the version that is fought in Mexico today. It is consider the best in the world because of the particular style: the jumps, the kicks, the aerials, and all the movements that goes with it. This special style and type of fight has been imitated all over the world because of its highly stylized approach and technique. Many international wrestlers learned this Mexican style; some famous examples are "Pegasus Kid" Chris Benoit (Canada), Hulk Hogan (USA), and Tiger Mask (Japan).

The term *"mexicana"* refers to the folkloric essence and technique of wrestling in a particular country, lends it authenticity, and makes it different from wrestling in other countries. There are many old super Mexican fighters, such as: *El Santo "El Enmascarado de Plata"* (R.I.P.), Blue Demon (R.I.P.), *Mil Máscaras* (he is the oldest living Mexican wrestler).

Mexican *Lucha Libre* is a mixture of sport and theatrical sequences. This sport happens to be the second more popular show in Mexico; only soccer draws more fans. The principal characteristics of the *Lucha Libre Mexicana* are the "theatrical" sequences of jumps and keys and the characteristic masks the fighters wear, which lend an air of mystery to the proceedings. Fans wonder about their hidden "real identities" for years and years. These fighters create characters. This sport is all about different fighting characters. The masked fighters bet on their masks. Sometimes they will risk their masks in a "Mask to Mask fight" or they can fight against a fighter without a mask and bet upon his hair. This is call a "Mask to Hair fight." When a masked wrestler looses his mask, he is not able to put it back on again in his life.

The *Lucha Libre* is a great tradition and a culture all its own. Whether you understand it (or like it) or not, I believe that it is a great subject and the third

Introducción

Su historia se remonta al año 1863, se dice que fue introducida a México durante la intervención francesa. En 1910 el italiano Giovanni Relesevitch ingresa a México con su empresa, la cual es una compañía teatral. Al mismo tiempo, Antonio Fournier trae el Teatro Colón, a cuyas filas pertenecen tal vez los primeros luchadores, en septiembre de 1933 Salvador Luttherot González funda la Empresa Mexicana de Lucha Libre (hoy conocida como Consejo Mundial de Lucha Libre), razón por la cual es considerado el "padre de la lucha libre". Esta empresa sigue hoy en funcionamiento, y se le considera la de mayor categoría en México y la mejor del mundo.

Se le conoce como **lucha libre mexicana** a la versión de la lucha libre profesional que se practica en México, es considerada la mejor del mundo, por su completo estilo de llaveo a ras de lona y aéreo. Los Movimientos utilizados en México -como los topes suicidas, las llaves y los castigos en general- son imitados en otros países. Es por este gran nivel que luchadores internacionales buscan aprender el estilo mexicano. Algunos casos ilustres han sido los de el enmascarado "Pegassus Kid" Chris Benoit (Canada), Hulk Holgan (E.U.), y el también enmascarado Tiger Mask(Japón).

Se evoca el término "mexicana" por las particularidades en la técnica luchística, acrobacias, reglas y folklore propio del país que le da una característica de autenticidad con respecto a lucha de los demás países. De ella surgen personajes míticos de la cultura popular. De antaño son El Santo "El Enmascarado de Plata" (fallecido), Blue Demon (fallecido), Mil Máscaras (vigente, y es el luchador mas veterano de México), La lucha libre mexicana es una mezcla de deporte y secuencias teatrales que en México es el deporte-espectáculo mas popular, sólo por debajo del fútbol soccer. La principal característica de la lucha libre mexicana son las secuencias acrobáticas de saltos y "llaves", además del hecho de que muchos de sus luchadores son enmascarados, es decir, utilizan una máscara para ocultar su identidad verdadera y crear una imagen que les de una personalidad especial. Los luchadores pueden poner en juego su máscara al enfrentar un combate contra otro luchador enmascarado (máscara contra máscara) o bien con uno no enmascarado (máscara contra cabellera), pero al perderla no la pueden volver a portar nunca jamás en su carrera deportiva.

La lucha Libre envuelve toda una gama de tradiciones y características únicas.

Mexican tradition that I decided to carve because of its meaning. I always considered making a trilogy of books of the most popular Mexican traditions and I feel really happy to have finished that task. It is my hope that you enjoy carving these seven characters and, as always, try to go beyond the images and create your on Mexican Wrestlers.

The seven members that I carve represent an entertaining and engaging challenge for any woodcarver. Most of these wrestlers are in motion and some of these fighters are a little bit harder to carve than others. Each has his original expression and some have difficult movements. However, therein lie both the challenge and the joy. It is my great pleasure then to show you, this time, *HOW TO CARVE THE Mexican Lucha Libre.*

I will start with wood and pattern transfers, move on to the whole process of carving, and end with painting techniques.

Now it is time to start this wonderful journey. I wish all of you out there the most pleasant carving sessions of all….

Ballo Rebora

Tools

I did most of this carving with a Denny Knife, accompanied by some other useful tools, as you will see below.

I used a variety of carving knives for this project. I recommend at least one good quality roughing knife and also at least one good quality detail knife.

Palm gouges are a helpful addition in this or any project. However, most of the cuts made with these tools can be duplicated with a good knife.

Additional tools may make the carving process easier, but are not necessary and, as always, you will learn your tools, and which additional tools are necessary, as the need arises.

I use sandpaper grit 150 and grit 80 to leave a smooth surface.

I use acrylic paints exclusively on my carvings. Specific colors for these projects are noted in the directions.

After the paint is dry, I use beeswax to seal the carving. Painting and finishing a woodcarving is an art. It requires practice, skill, and patience, just like everything else.

Independientemente de que le agrade o no esta disciplina, Yo creí totalmente acertado tomar esta tradición tan Mexicana como el tema para hacer mi tercer libro que es parte de una trilogía, los Toros, los Mariachis y ahora La Lucha Libre Mexicana. A sido un trabajo arduo y fascinante esta creación, tres libros de 18 personajes típicos de mi México. Me siento muy contento de haber terminado esta idea o sueño tan añejo. Espero que disfruten creando sus propios personajes con la ayuda de este libro, finalmente cada talla es completamente individual y lleva consigo el estilo de talla de su creador.

Los siete miembros que talle representan un reto para talladores de cualquier nivel, algunos de ellos son mas fáciles de realizar que otros, pero es ahí exactamente donde radica el gozo y el reto. Para mi es un gran privilegio presentarles a los seis luchadores y el réferi que talle para todos ustedes en este libro.

Empezare con la selección de mi bloque de Madera, transferir o calcar el patrón frontal y cortar con la sierra circular . Yo utilizo mi Rikon 14" Deluxe Bandsaw, La mejor. Posteriormente Desbastar y luego tallar hasta terminar y pintar el Luchador.

Es momento de Empezar, estoy seguro que sacare al luchador que aguarda en lo profundo de este bloque de Madera.. Les deseo las sesiones más placenteras de talla a todos aquellos carvers.

Ballo Rebora

Herramientas

Esta pieza la talle con una navaja Denny de pulgada y media y algunas gurbias nada mas.

Aquí hay una lista de las herramientas necesarias para terminar estos proyectos exitosamente:

Yo utilizo diversas navajas para esculpir en este proyecto. Recomiendo al menos una navaja de desbaste de buena calidad y también al menos una buena navaja para detalles.

Más herramientas pueden hacer el proceso de labrado más sencillo, pero no son necesarias y, como siempre, usted conocerá sus herramientas y que herramientas adicionales requerirá, conforme se presente la necesidad.

Yo utilizo lija calibre 150 y 80 para dejar una superficie suave.

Utilizo exclusivamente pintura acrílica en mis esculturas. Los colores específicos para este proyecto están anotados en las instrucciones.

Sharp Tools

Carving with sharp tools is of the utmost importance in this art. Sharp tools make all the difference. They not only produce better work, they also require less force to cut wood and they are, therefore, much safer for your hands.

Sharpening tools properly is an art in itself. I won't pretend to teach you something that I am still learning every day. For years I have been using a slip strop to keep my knives in razor-like condition. After many years of stropping my knives, I have discovered a wonderful sharpening machine. I highly recommend it. It is the Ultimate Sharpener™ from Chipping Away. I also recommend the "Ultimate Power Honer"™ as well. This system has made my sharpening problems a thing from the past. Again, practice and experience will solve this issue for all of you and I am quite sure that you'll find the best way to accomplish this most important task.

Wood

When I started carving, many years ago, I used to carve with red oak. Somehow, in spite of the hardness of the wood, I managed to finish my carvings. In those days, I used to think that it was the best wood to carve, far better than pine.

I was introduced to basswood some years later. From that moment on, basswood has been my carving wood of choice. It is classified as a hard wood, but it is one of the softer hardwoods. Its even grain holds detail well, and it finishes smooth for painting. I get the best northern basswood from Smoky Mountain Woodcarvers Supply, Inc. at Nawger Nob and also from Heineckewood.com.

There is something that I need to say, especially to the novices: There is not even one valid excuse … not the tools and knives, not the type of wood to use or anything else … to keep you from starting to carve. I am largely self-taught. Much of what I have learned on this incredible carving journey I have picked up along the way as needed. The will to carve has never been stopped, nor diminished, by a lack of better wood or tools. So, if you have the desire to carve, just do it and life will sweep you up into this incredible learning experience.

In this wonderful journey, especially in the USA, there are many woodcarvers willing to assist you in this learning process. I have met several CCA (Caricature Carvers of America) members and attended their seminars. They are Tom Wolf, Dave Stetson, and Marv Kaisersatt. Fred Zavadil and

Una vez que la pintura haya secado utilice cera de abeja para sellar la escultura. Pintar y dar el terminado a un labrado en madera es todo un arte. Requiere de práctica, habilidad y paciencia como todo lo demás.

Herramientas afiladas

Tallar con herramientas afiladas es de suprema importancia en este arte. Las herramientas afiladas hacen la diferencia. No sólo producen un mejor trabajo, sino también requieren de un menor esfuerzo para cortar la madera y son mucho más seguras para tus manos.

El dar un buen afilado a las herramientas es por si mismo un arte. No pretendo enseñarles algo de lo cual sigo aprendiendo día con día. Por años he estado utilizando un afilador SlipStrop (como el de los peluqueros de antaño) para mantener mis navajas afiladas. Tras muchos años de afilar con el SlipStrop mis navajas, he descubierto una maravillosa máquina para afilar. La recomiendo de manera importante. Es el Ultimate Sharpener ™ de Chipping Away. Pop, mi amigo y dueño de Chipping Away me hizo llegar una nueva maquina que complementa la primera, se llama la " Ultimate Power Honer" TM Ha hecho de mis problemas de afilado algo del pasado. Nuevamente, la práctica y experiencia resolverán este asunto para todos ustedes y estoy seguro que con la práctica encontrarán la mejor manera de conseguir esta muy importante tarea.

Madera

Cuando empecé a esculpir hace muchos años solía tallar con cedro rojo. De alguna manera, en vista de la dureza de la madera, me las arreglé para terminar mis labrados. En aquellos días, solía pensar que esta madera era lo mejor para esculpir, al menos era mucho mejor que el pino.

Años mas tarde conocí el tilo (basswood). Desde entonces, el tilo (basswood) ha sido mi madera predilecta para tallar. Está clasificada como una madera dura, pero es una de las más suaves de este tipo. Su veta regular conserva adecuadamente los detalles, y se termina suavemente para su pintado. Yo consigo el mejor tilo del norte de Smoky Mountain Woodcarvers Supply, Inc. en Nawger Nob TN USA y Heineckewood.com.

Hay algo que quiero decir, en especial a los novatos: No existen excusas… ni las herramientas ni las navajas, ni el tipo de madera a utilizar para desanimarte a iniciar a esculpir. Yo soy autodidacta.

Dave Stetson expanded my understanding—many thanks to all. I really recommend that any carver, novice or expert, attend as many carving seminars as you can. You will always pick new tips and techniques on this wonderful art form; best of all, however, you will meet friends with the same passion for this art.

Todo lo que he aprendido en este formidable viaje de la talla de madera lo he aprendido a lo largo del camino. El deseo de esculpir jamás se ha detenido o disminuido por falta de una mejor madera o mejores herramientas. Por lo tanto, si tienen el deseo de esculpir, simplemente háganlo, la vida los llevará hacia esta increíble experiencia de aprendizaje.

Patterns

Patrones

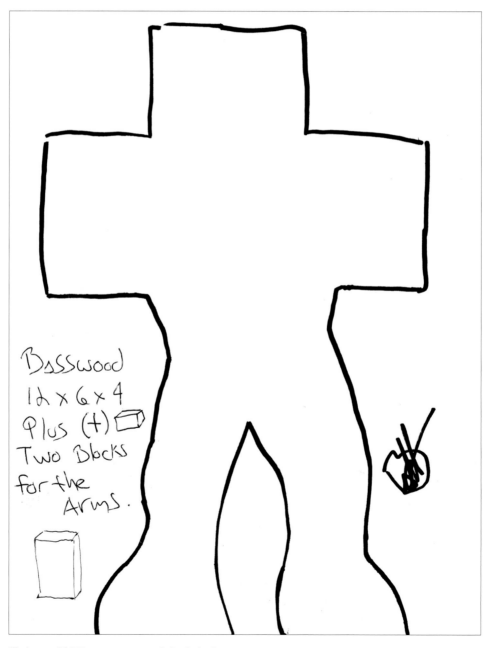

(Enlarge 166% to recreate original size)

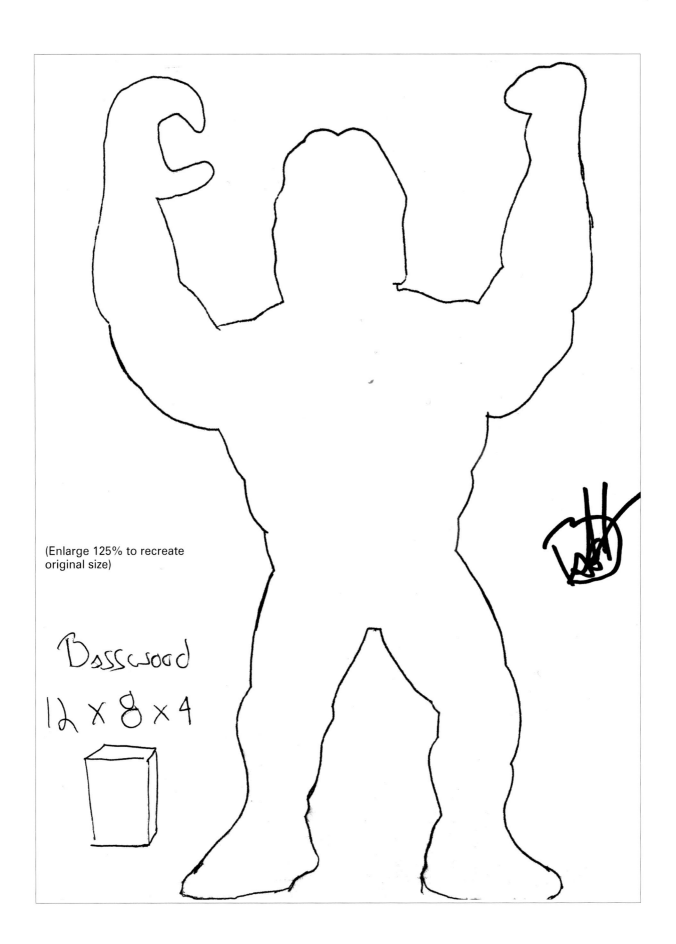

(Enlarge 125% to recreate original size)

Basswood

12 × 8 × 4

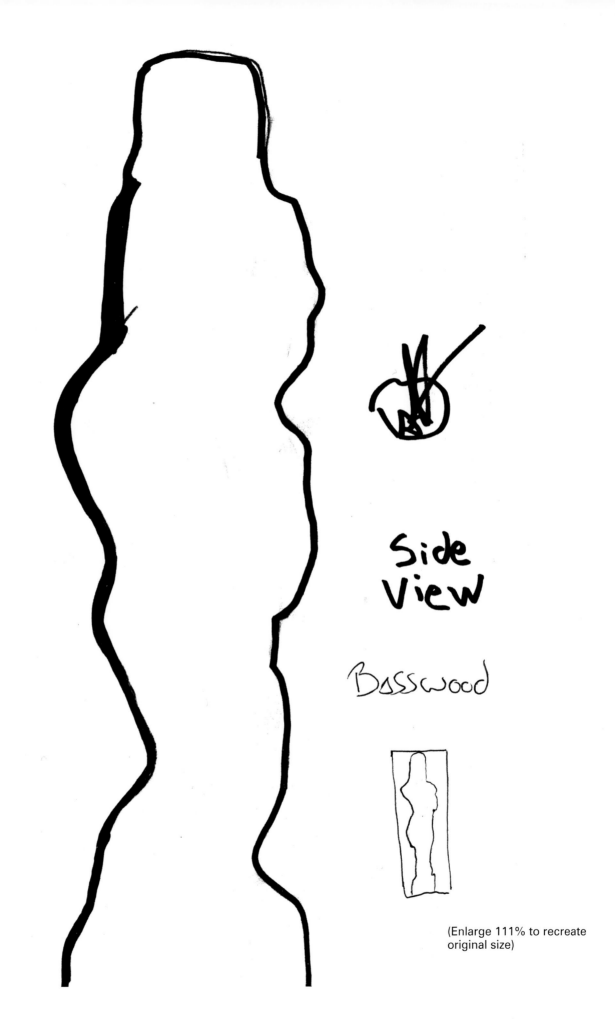

Side
View

Basswood

(Enlarge 111% to recreate original size)

10

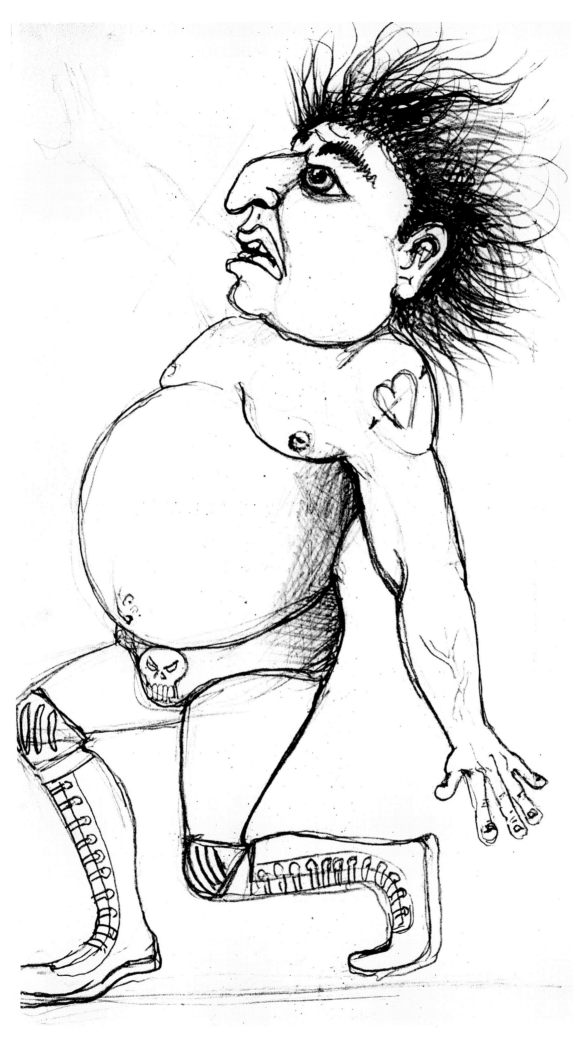

(Enlarge 111% to recreate original size)

Basswood

1h X 8 X 4

12

(Enlarge 125% to recreate
original size)

(Enlarge 125% to recreate original size)

Basswood
12 x 6 x 4

Carving the Mexican Wrestlers

Tallàndo la Lucha Libre Mexicana

Apply the pattern to your basswood block. Cut around the pattern carefully using a band saw. While the central body is made from one piece, the outstretched hands are separate blocks of basswood. It is vitally important that all of the grain is running in the same direction when you add on pieces. The extra pieces are simply glued into place with white Gorilla Glue™ or Titebond™.

Coloque el patrón en el bloque de Madera y corte con la sierra banda con mucho cuidado. El cuerpo esta cortado en un bloque de 6 x 4 x 12 y los brazos estirados los tallo de dos bloques que añadí, es muy importante que las betas de la madera y los bloques para los brazos coincidan. Estos bloques se pegan con resistol Blanco, de el tiempo necesario para un buen secado del pegamento.

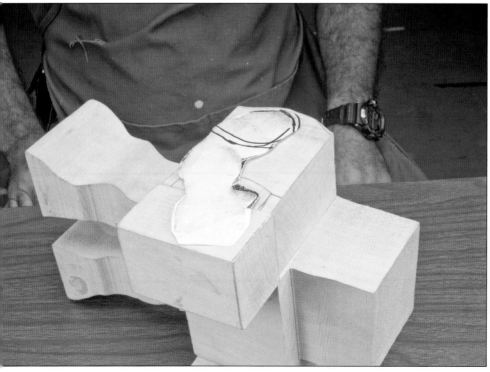

As you can see from the pattern, the hands make up the extra blocks. I couldn't find a single block of wood thick enough to carve this wrestler out of one solid block of wood alone.

Como se observa con el patrón o plantilla, estos bloques son para las manos exclusivamente, no encontré un bloque más grueso, me faltaba una pulgada extra de madera.

Start rounding down the edges.

Redondee las esquinas, esto es un buen comienzo….
A tallar esquina.

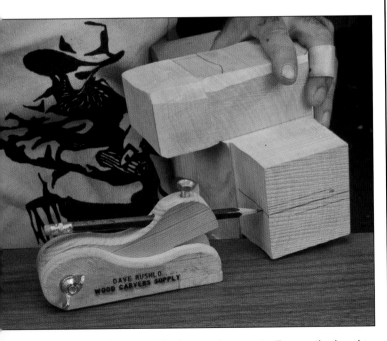

Before going much further, make a centerline on the head to keep features in alignment. I find this device works very well for giving you a good, straight centerline. Continue with the centerline down the front and back of the body.

Esperen!!! Es Básico como ya lo sabemos, trazar una línea central para conservar la simetría. La línea central recorre todo el cuerpo, Esta herramienta simple y perfecta es lo máximo para tirar líneas perfectamente centradas, Thanks Dave.

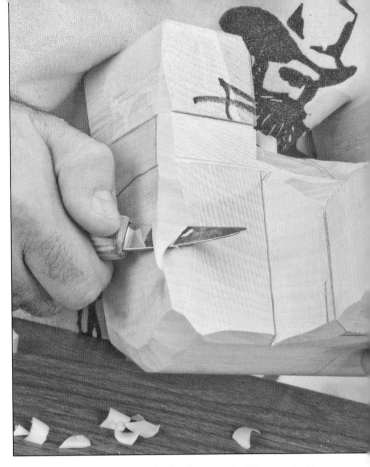

Continue rounding down the body now that the centerlines are in place. For now, we're just removing all the sharp edges.

Ahora si, tallemos todas las esquinas para empezar a tener una visión mas clara del luchador.

Now we are going to remove some of the excess wood to begin to separate the foot from the leg. First make a stop cut line along the top of the foot and then cut back into that line to begin removing the excess.

Ahora vamos a tallar Madera para separar el pie de la pierna. Marque con la navaja el corte límite y proceda resaltando el volumen. Talle la madera sobrante, poco a poco, sintiendo el filo de su navaja.

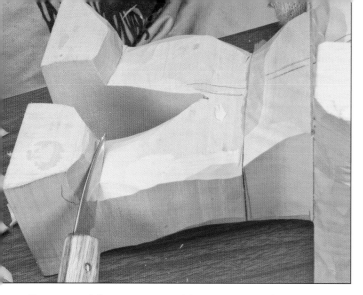

Excess stock is now removed from the tops of both feet. We're still leaving plenty of extra wood for each feature at this time.

Se ha removido la Madera sobrante de los pies. Dejo Madera suficiente para más tarde detallar y terminar las botas.

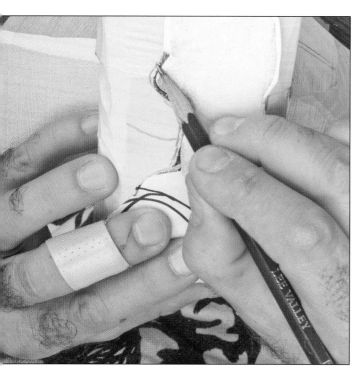

Now use the arm pattern to trace the outline of each arm.

Ahora utilize el patron Del brazo para delimiter y visualizar el mismo.

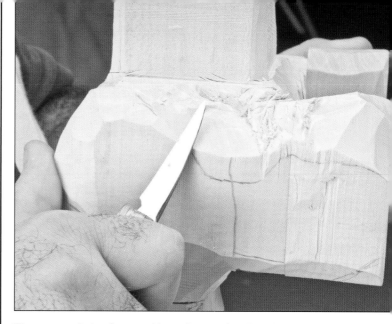

The pattern is in place and I used a number 6 gouge to remove the excess wood. You can also use a knife to continue removing stock from above the arms. Here I'm using a Denny bench knife. I also use Ron Wells carving knives.

Una vez trazado el patrón del brazo, empiezo a remover Madera sobrante con una gurbia numero seis. Yo tengo varias navajas y gurbias para trabajar, la verdad de las cosas es que cada tallador aprende que herramienta utilizar dependiendo de la tarea.

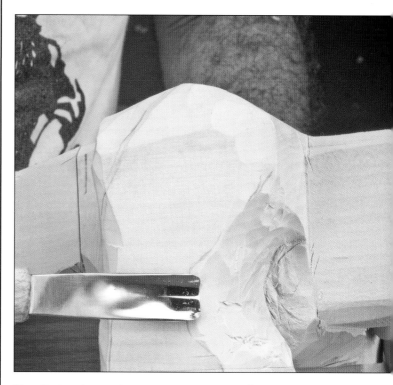

Now that we've made some progress removing excess stock from the right arm, let's move to the left.

Una vez bastante avanzado el brazo derecho nos mudamos al izquierdo.

Trace the pattern as before. Start rounding down the left arm. As you can see here, I'm rounding down the chest a little with the ¾" flat gouge to give me better access to the arm.

La misma tarea sobre el brazo. Redondeando el brazo izquierdo. Como pueden observar, estoy redondeando el pecho un poco con esta gurbia plana para poder acercarme al brazo.

Continue rounding both the arms and the chest now. Reestablish you centerlines as you go.

Siga tallando ambos brazos y el pectoral, revise constantemente su línea central para mantener simetrías.

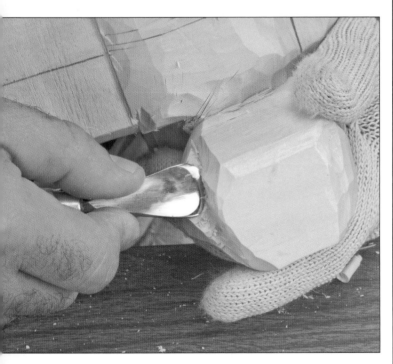

Round down the bottoms of the arms as well. Beginning to round down the hands.

Redondeando la base de los brazos de igual forma. Empiezo a tallar las esquinas en las manos.

To continue the rounding process, we're going to start rounding down the head at this point. The head extends down beyond the block. Add this guideline to show where the lower jaw will end.

Continuo con el proceso de redondear las esquinas en este caso de la cabeza del luchador. Con todo y la cabellera el bloque de la cabeza sobre sale a la espalda, pinte la línea para delimitar la mandíbula.

Working back from the newly established guideline to recess the chest away from the head.

Con esta línea trazada, empiezo a separar el pecho de la cabeza.

Cutting in a stop cut along the hairline in the back with a bench knife.

Con la Punta de mi navaja realizo un corte para delimitar la melena en la espalda.

Our wrestler is going to have long hair in the back. Here is the guideline for the hair.

Este luchador tiene el pelo largo, típico…. Esta el la línea que lo delimita.

Using a 9mm V tool, cut in along the stop cut line.

Utilizo una gurbia V de 9 mm para profundizar el corte.

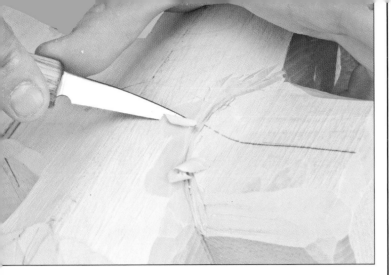

Using the bench knife, begin removing excess wood from the back, raising the hairline above the surface of the back.

Con la navaja, saque el volumen de la cabellera poco a poco, la melena sobresale en la espalda.

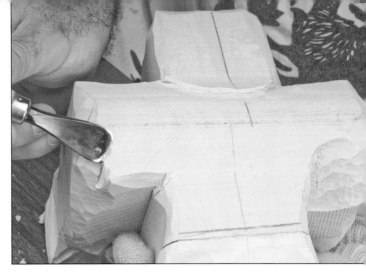

As you can see, the lower arm on the left is rounded and we are now moving on to the other shoulder. This is all still the initial roughing out of the piece.

Como se observa, la parte inferior del brazo esta ya redondeada y ahora me muevo al otro hombro. Seguimos en el proceso de DESBASTE, el detalle viene después.

Rounding down the shoulders as well. What you are doing here is slowly bringing the blocky, oversized piece down into more human dimensions. Reducing the shoulder and the underside of the arm. At this point we are rounding the entire upper body. As you round down the different portions together, you keep them proportional.

Ahora me paso a los hombros y así de alguna manera empiezo a observar los volúmenes del cuerpo mas proporcionados, estamos en el momento de "DESBASTAR" que no es otra cosa que dimensionar y redimensionar la pieza, tallar y tallar. Reduciendo los hombros y la parte inferior de los brazos. En estos momentos estoy redondeando toda la parte superior del cuerpo. Conforme se trabajan diferentes puntos del cuerpo de una manera dinámica, mantenemos las cosas en proporción unas de otras.

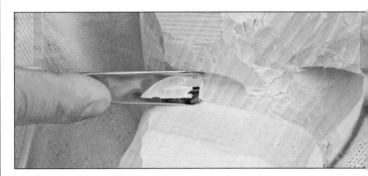

In order to make strong arms, we have to separate the shoulder from the head. We will be emphasizing strong muscles as we carve.

Para darle una apariencia de Fortaleza muscular, necesito separar el hombro de la cabeza. Es importante que este luchador muestre que hace ejercicio....

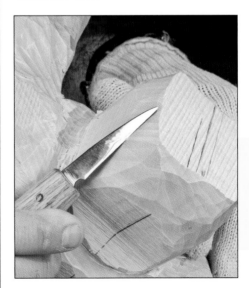

Beginning to round down the head as well, getting rid of that square shape.

Trabajo la cabeza tallando y moldeando, tratando de eliminar lo que sobra de Madera.

It is time to separate the head from the chest. Note how the chest has begun to take shape. Make a stop cut deep along this line and begin cutting excess wood away from the chest to begin separating the head from the chest.

Es tiempo de separar la cabeza del pecho. Observe como el pecho empieza a tomar forma. Haga un corte profundo por esta línea y talle para empezar a separar la cabeza del pecho.

Now you can start to see some separation between the head and the chest.

Observe como se empieza a ver la separación entre la cabeza y el pecho.

The flat gouge works well here when separating the chest from the head.

A mi me funciona una gurbia plana para esta labor de separación.

This is also a good time to lower the chest a bit, working down toward more human proportions.

Podemos aprovechar para disminuir un poco el pecho, manteniendo las proporciones mas humanas.

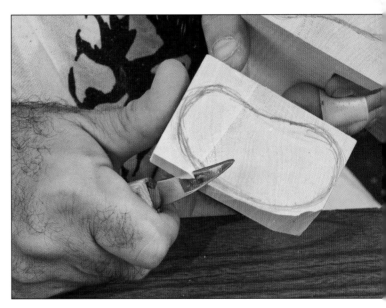

It is time to start rounding down to the boots. Draw in the pattern of the boot on the base of the foot as a carving guide. Try not to make the feet pointing straight ahead. That creates a very static figure. We want to show someone who will soon be in motion. Cut along the straight edge of the rough, carving carefully in to the pattern line for the boot.

Es momento de empezar a redondear las botas. Dibuje el contorno de la suela desde la base de los pies como guía básica. Dibuje estas suelas apuntando un poco a los lados para crear un efecto menos estático de la pieza. Este amigo pronto brincara al ring. Sumerja la punta de la navaja para delimitar la línea de la bota y talle con cuidado.

The left boot is now taking shape. It has been reduced much nearer its eventual size. Continue working on the right.

La bota izquierda esta tomando forma. Ya a sido reducida a su tamaño casi final. Continue con la bota derecha.

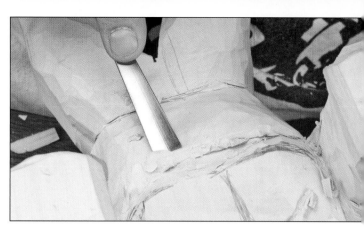

Continuing to cut away wood from below this muscle group to make the chest stand out.

Continúe tallando maderita para que resalte el pecho, esto hará que se vea cada vez mas fuerte.

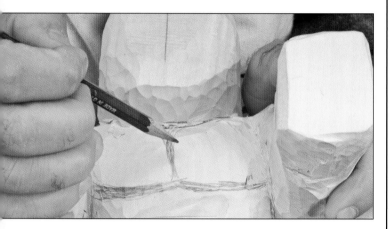

Now that the chest has been rounded down enough, it's time to start placing some muscles. Draw in the chest muscles.

Ahora que el pecho ya a sido reducido suficientemente, es momento de remarcar algunos músculos. Dibuje los músculos del pecho.

The chest is raised above the abdomen now.

El pecho ya resalta del abdomen.

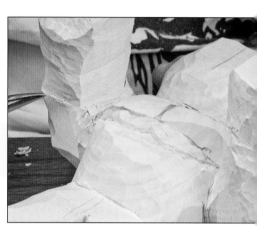

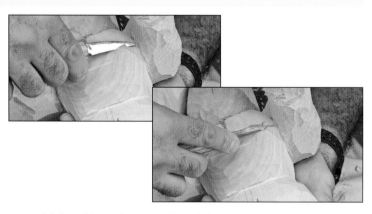

Make a V cut along the line of the muscles and begin to remove wood away from beneath this pattern line.

Marque con una gurbia V la línea que separa el músculo pectoral de las costillas, talle por debajo de esta línea. Que resalten los pectorales.

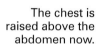

Add two lines around the head at this time. The top line is the eye line, which is also the line for the top of the ear. The lower line is the nose line. These will help guide us in properly placing the face.

Ahora regreso a la cabeza y separo con dos líneas las facciones de la misma. La línea de arriba es la línea de los ojos y también delimita la posición de la parte superior de las orejas. La línea baja es la línea de la nariz. Estas líneas son básicas para poner y tallar todo en su lugar.

Now draw a guideline across the top of the head, parallel to the face, and down either side. This line divides the head so we know where the ears start.

Ahora divida la cabeza trazando una línea alrededor de los lados. Esta línea separa las dos mitades laterales de la cabeza para posicionar correctamente las orejas.

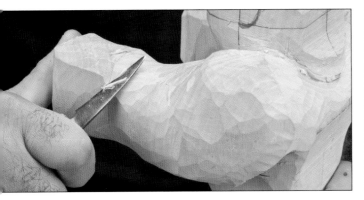

Place the ears behind this new guideline along each side of the head. Note how the ear extends from the eye line to the nose line. Reducing the arms in size will lower them out of the way so we can work on the face.

Coloque las orejas atrás de esta línea en cada lado. Observe como coinciden la línea de los ojos y de la nariz. Reduciendo más los brazos, esto me permitirá trabajar con más libertad en la cara.

Now both arms have been narrowed down enough to work on the face.

Ahora ambos brazos se han reducido lo suficiente como para poder tallar mejor la cara.

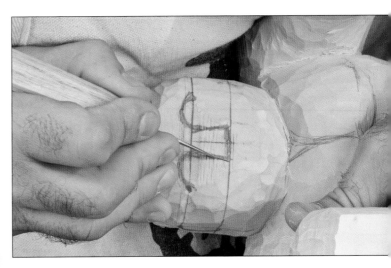

Now sketch in the eyes and nose with a pencil, making sure to leave room for making the eye mounds so the eyes will have the proper curvature. Take a small knife and create a stop cut line along the outer edge of the eyebrow and nose lines.

Dibuje el contorno OJOS/NARIZ con un lápiz, asegurando dejar suficiente Madera para la media esfera del ojo en si. Recuerde que los ojos resaltan como media naranja. Con una navaja más pequeña, trabaje en el contorno de la ceja y nariz, talle poco a poco con mucho cuidado.

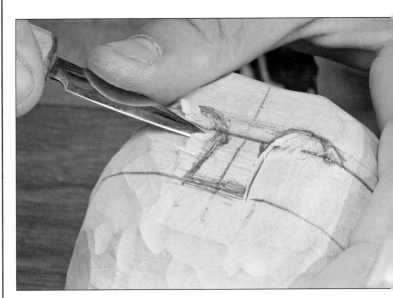

Now cut in at an angle back to the stop cut line to start raising the nose above the rest of the face.

La nariz sobresale de todas las partes de la cara, talle hacia las cejas realzando poco a poco la nariz.

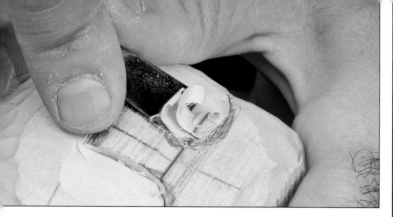

Using a flat gouge to further reduce the area around the nose.

Con una gurbia plana se trabaja mejor en esta área.

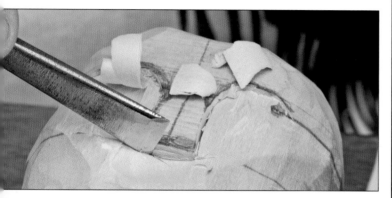

You can deepen the stop cut line at the base of the nose with the gouge.

Se puede profundizar la base de la nariz con una gurbia.

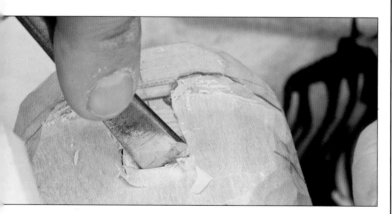

Further reduce the face around the nose. Make sure you leave enough wood below the eyebrows for the eye mounds. Don't cut too deeply there. I'm also making another stop cut. The deeper you go around the nose, the larger a nose you get. I want this guy to have a big nose.

Continúo tallando la cara alrededor de la nariz. Asegúrese de dejar suficiente madera para los montes oculares. Estoy haciendo otro stop cut (corte límite). Entre mas profundo saque la nariz mayor tamaño de la misma, Este Luchador tendrá una nariz de buen tamaño.

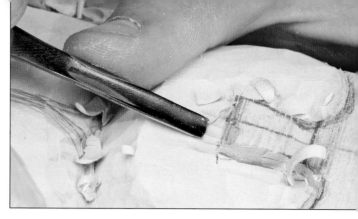

I'm using a #5 U gouge to clean up around the nose now, at the base and along both sides.

Detalle con una gurbia U numero 5 en la limpieza de alrededor de la nariz así como la base y laterales de la misma.

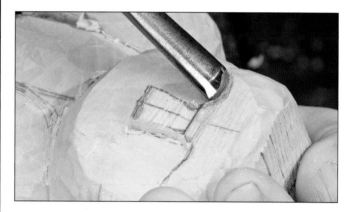

To start placing the eye mound, I use a shallow #7 sweeps to place a stop cut line along the edge of the eyebrow ridge.

Para empezar a posicionar los montes oculares, utilizo esta gurbia plana # 7 tallando de arriba hacia abajo de las cejas formando la media naranja o monte ocular.

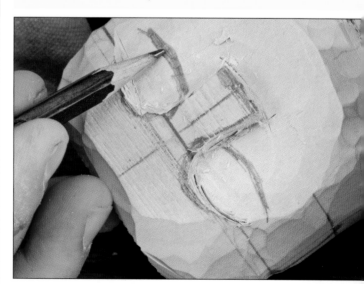

Draw in the outline of the lower edge of the eye mound.

Dibuje la parte inferior del monte ocular.

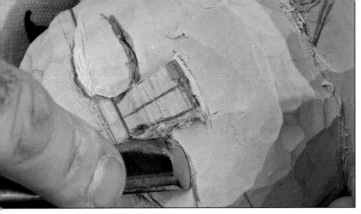

Again using the #7 sweeps, I cut in a stop cut line angled downward toward the lower half of the face to start placing the mounds.

Continúe con su gurbia cortando angularmente hacia la parte de abajo de la cara para sacar estos montes oculares.

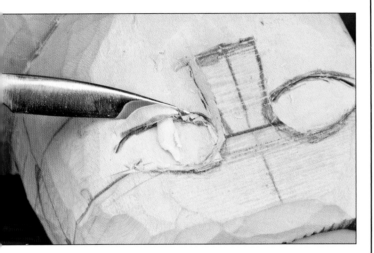

Once you have your deep stop cuts in place, begin working up toward the bottom of the stop cut with your bench knife at a steep angle to begin removing wood from beneath the mound gradually.

La idea es que estos montes oculares sobresalgan de la cara a una altura media del puente de la nariz y tengan una forma de media naranja o media esfera para ahí detallar el ojo.

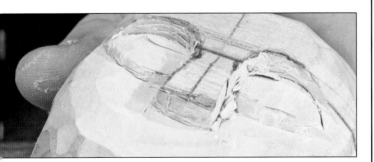

The excess wood beneath each eye mound has been removed.

El exceso de Madera alrededor de los montes oculares ya no esta.

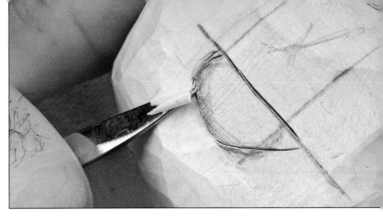

Before we go any further with the eyes, we are going to relieve wood away from each ear. This will relieve excess wood from either side of the head around the eyes before we continue with the eyes. First take your bench knife and create stop cut lines along the outer edge of the ears, cutting straight in. Begin relieving excess wood away from the back of the ear with the bench knife.

Antes de continuar con los ojos, vamos a remover Madera en el área de las orejas. Esto nos ayudara a definir mejor la cara con relación a sus características he ubicaciones. Una vez dibujadas las orejas, delimite profundamente con la punta de su navaja y saque las orejas al aire, esto es, talle las orejas. Talle por detrás de las orejas con su navaja para acercarse al tamaño y forma de las mismas.

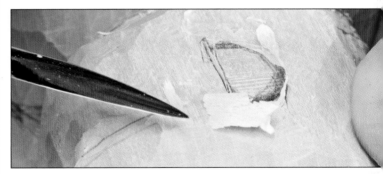

Begin relieving excess wood away from in front of the ear as well. Note the stop cut line along the front edge of the ear to help keep the knife from lopping off the ear as you work.

De la misma manera trabaje en la parte frontal de la oreja. Con cuidado de no volar la oreja , trabaje concentrado en estas partes delicadas.

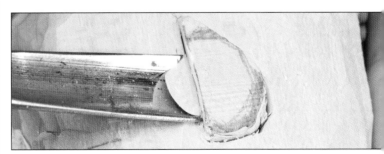

A shallow gouge works as well. Repeat with the other ear.

Una gurbia semi plana funciona para esta labor, Repita esta operación en la otra oreja

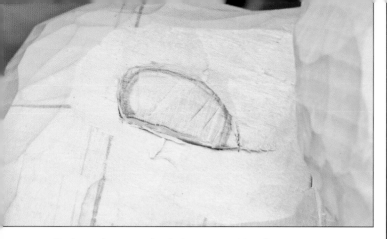

Each ear is now raised above the side of the head.

Ahora ya sobresalen las orejas de los laterales de la cabeza.

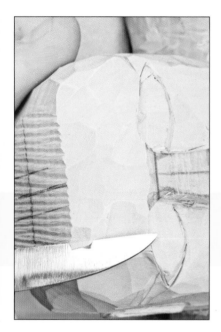

Now we are starting to round the side of the face. Round the forehead as well.

Ahora empezamos ya a redondear los lados de la cara. Redondee la frente de igual forma.

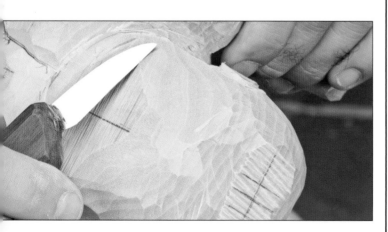

Round the head all the way around, working your way up to that flat spot on top.

Continuo tallando y limpiando el trabajo de abajo hacia arriba. Continúo detallando la redondees de la cara de camino hacia la parte trasera

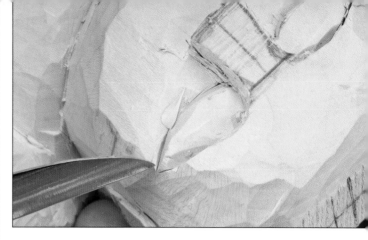

As the head is being rounded, I also resize the eyes to keep them in proportion, rounding the mounds with my bench knife.

Conforme redondeo la cabeza, redimensiono los ojos para mantener la proporción, trabajo en los montes oculares con el filo de la navaja.

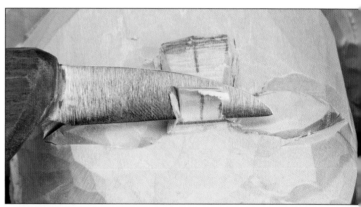

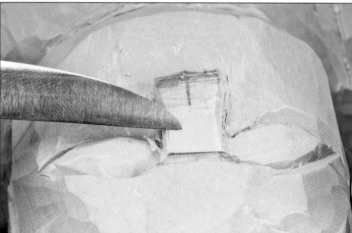

While we're here, lower the bridge of the nose. Cut in at an angle to the stop cut line at the brow ridge. Then cut off the excess wood raised by cutting straight down along the brow ridge stop cut line.

De pasadita, disminuya el Puente de la nariz. Tallando de la punta de la nariz hacia las cejas, esta parte debe tallarse con una navaja totalmente afilada y con mucha luz, despacio detalle un poco más la nariz.

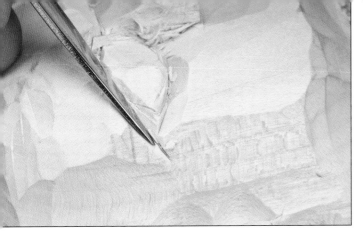

It is important to be able to see the eyes from the side of the head. Cut in with a V cut along the outer edge of each eye to relieve excess wood from this area and reveal the eye mound.

Es importante poder ver los ojos desde ambos costados de la cara. Con una gurbia V me apoyo para tallar esta área y resaltar lateralmente el monte ocular.

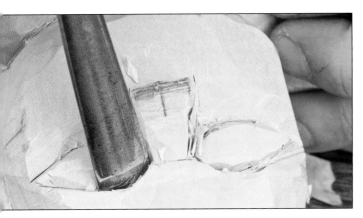

Cleaning up along the edges of both eye mounds. By using the same tool on both eyes, you help to keep the two eyes symmetrical.

Limpio los limites de ambos montes oculares. Utilizando una gurbia igual en ambos ojos mantengo una simetría a la par.

Sketch in the hairline. Here, the hairline is in place.

Dibuje la línea de la cabellera. La línea de la cabellera esta en su lugar.

Place a stop cut line along the edge of the hairline. Begin cutting excess wood away in front of the hairline along the forehead and the sides of the head. Cut up toward the stop cut line with a bench knife.

Haga un corte límite en esta linea, digamos 3 mm de profundidad. Delimite el cabello de la parte frontal en la frente haciendo un corte límite de la frente y hacia los lados de la cara.

Reduce the head away from the hairline. Also reduce the area of the forehead a bit. No need for this guy to look like a Neanderthal.

Empieza a sobresalir el pelo de la frente. Disminúyo el área total de la cara, espero que tenga una cara grande pero no pretendo que parezca de Neanderthal.

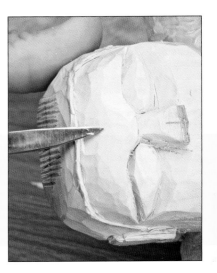

The larger you leave the eyes at this point, the more material you have to work with when you start adding the details.

Mientras mas material dejemos en los montes oculares, mayor área para trabajar los ojos tendremos.

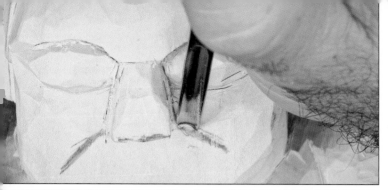

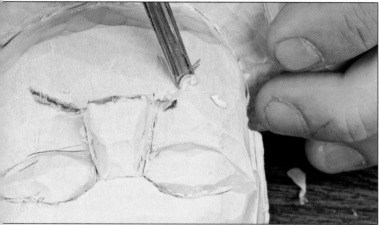

Add the lines extending from the nose to the outside edges of the mouth in pencil. Cut in along both sides of this line with a #5 sweeps to raise the area of the mouth above the surrounding cheeks and jaw.

Añada las líneas de expresión que bajan hacia la boca. Es prudente utilizar una gurbia medio plana para ayudar a resaltar el área de la boca, delimitando los cachetes y la mandíbula.

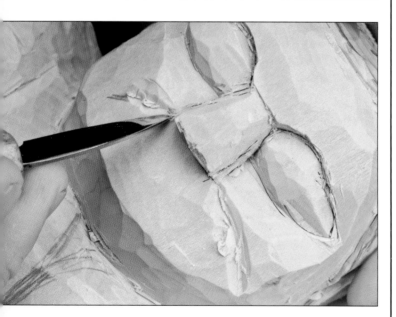

Deepen this area with a bench knife.

Profundize esta area con la Punta de su navaja.

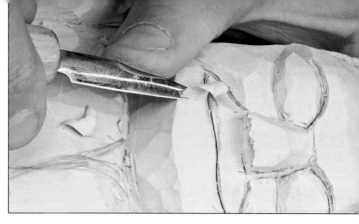

I've decided this wrestler will have a mustache. Drawing in the mustache pattern. Once again, we'll be raising this area above the surrounding face. Add stop cut lines as before along the edge of the mustache pattern line. Using the bench knife to remove excess wood from beneath the mustache, working up to the stop cut line.

Se me ocurre que este luchador tenga un bigote. Trace el límite del mismo y comience resaltándolo con un corte límite. Añada estos cortes límite sobre la línea previamente trazada del bigote. Observe como le hago, poco a poco voy modelando el bigote teniendo especial cuidado de no cortar fuera de lugar.

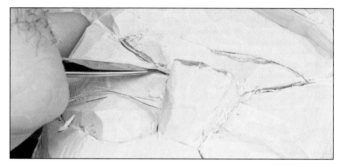

Removing a little excess wood from the top of the mustache along the line of the cheekbones.

Removiendo material de la parte superior del bigote siguiendo la línea de los cachetes.

Reducing the sides of the face a little as well.

Reduciendo de igual manera la cara en general.

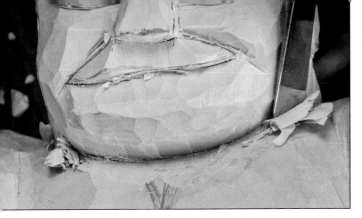

Using a #3 sweeps to accentuate the neck and jaw line of this wrestler.

Utilizo una gurbia semiplana #3 para acentuar la línea de la mandíbula del luchador.

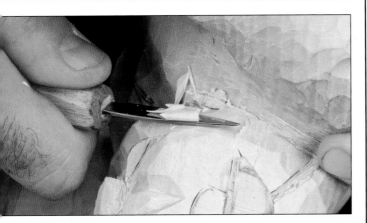

Firm up the jaw line and create the chin. The bench knife works well for this job.

Al tallar esta línea empezara a crear la barbilla. Yo utilizo mi navaja para esta labor.

Start rounding down all the sharp edges on the face left by the carving tools.

Empiece a redondear todos los ángulos cuadrados de la cara, esto es "limpiar" el trabajo…

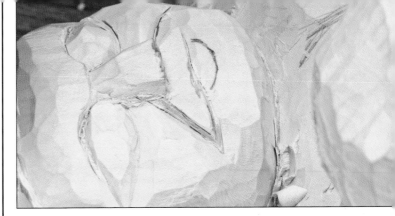

Here is the pattern line for the lower lip.

Aquí muestro la línea del labio inferior.

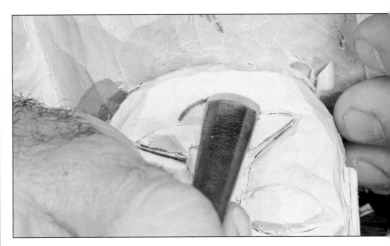

Using a #76 gouge to cut in along the lower lip, making a stop cut line.

Utilizo una gurbia #76 para demarcar el labio inferior, hacienda un corte límite igualmente.

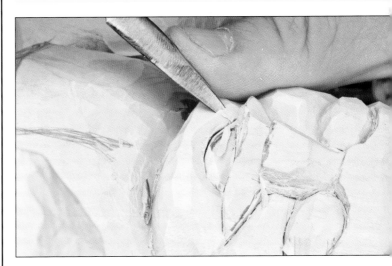

Raise the lower lip by cutting away excess wood from beneath the lower lip following the stop cut line.

Levante el labio inferior tallando la Madera excedente por debajo del mismo siguiendo su línea de corte limite.

Clean up around the lower lip as you carve.

Limpie el área tallada conforme va avanzando.

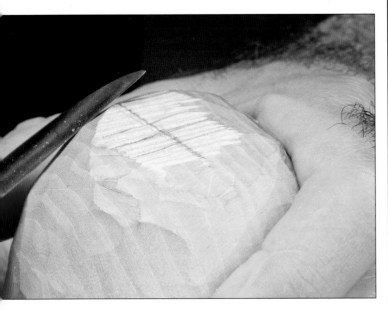

Work to keep the whole head in proportion as you carve. It's time to round up the top of the head. We don't want the Frankenstein monster for our wrestler. While you're rounding, make sure to erase the band saw marks left behind when you rough cut this figure from the basswood blocks.

Trabaje simultáneamente en todas las áreas de la cabeza para mantener las características en proporción. Es momento de redondear la parte superior de la cabeza. No quiero que parezca Frankenstein, asegúrese de quitar las marcas de la sierra circular de cuando cortamos la pieza en un principio.

Note how the band saw marks disappear as you round. Continuing this process with the hair covering the back of the neck.

Observe como se eliminan las marcas de la sierra circular conforme redondeamos. Continúe este proceso en la parte trasera de la cabellera que tapa el cuello.

Continuing to smooth the face.

Continue suavizando la cara.

Take your time and try to make each eye mound equal in size.

Tome su tiempo en hacer los dos montes oculares del mismo tamaño.

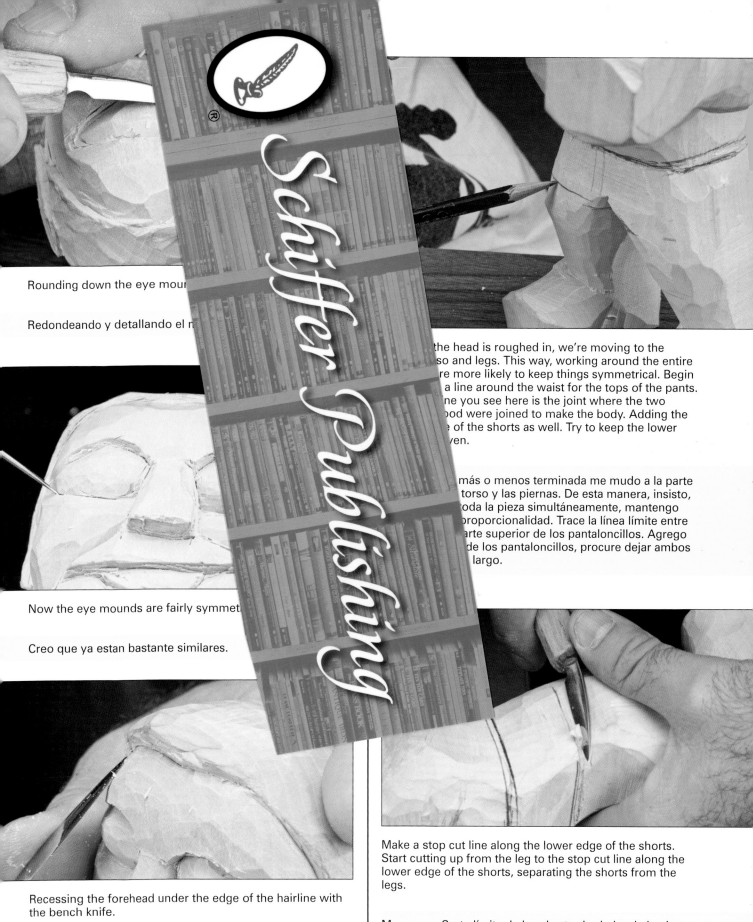

Rounding down the eye mou[nd...]

Redondeando y detallando el [...]

[...] the head is roughed in, we're moving to the
[...]so and legs. This way, working around the entire
[...]re more likely to keep things symmetrical. Begin
[...] a line around the waist for the tops of the pants.
[...]ne you see here is the joint where the two
[...]ood were joined to make the body. Adding the
[...]e of the shorts as well. Try to keep the lower
[...]ven.

[...] más o menos terminada me mudo a la parte
[...] torso y las piernas. De esta manera, insisto,
[...]oda la pieza simultáneamente, mantengo
[...]roporcionalidad. Trace la línea límite entre
[...]arte superior de los pantaloncillos. Agrego
[...] de los pantaloncillos, procure dejar ambos
[...] largo.

Now the eye mounds are fairly symmet[...]

Creo que ya estan bastante similares.

Recessing the forehead under the edge of the hairline with
the bench knife.

Detallo un poco la parte de la frente y el pelo frontal.

Make a stop cut line along the lower edge of the shorts.
Start cutting up from the leg to the stop cut line along the
lower edge of the shorts, separating the shorts from the
legs.

Marque su Corte límite de los shorts alrededor de la pierna.
Empiece cortando de abajo hacia arriba llegando hasta el
corte limite separando los shorts de las piernas.

Separating the shorts from the lower leg and from the waist. The bench knife works well for this job.

Separando los shorts de la parte baja de la pierna y la cintura. La navaja funciona muy bien para esta labor.

Now add a line for the top of the tall boots the wrestlers wear. The lines for both boots are now in place.

Ahora añada la línea de corte limite par alas súper botas tan típicas de los luchadores. Las dos líneas para ambas botas están en el lugar correcto.

Add a line near the bottom for the top of the boots to represent the top of the foot.

Añada una línea para delimitar la parte baja de la bota y la parte alta del pie.

Begin reducing excess wood away from the top of the boot.

Talle toda la madera sobrante de la parte superior de la bota.

The boots are starting to take shape.

Las botas empiezan a surgir.

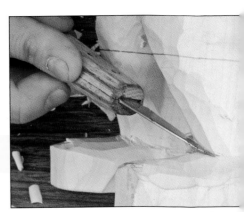

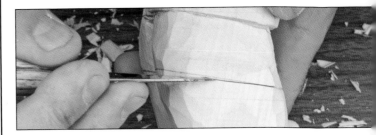

Now make a stop cut line along the upper edge of the boots and reduce the leg away from the boot top.

Trace su línea limite de corte en la parte superior de las botas y reduzca el volumen de la pierna debajo de la bota.

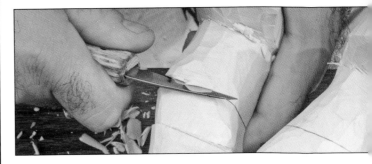

Rounding the leg away from the boot top.

Redondeando la pierna y separándola de la parte superior de la bota.

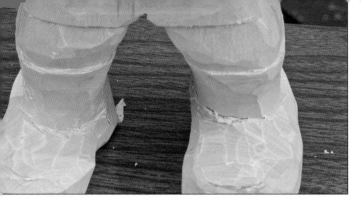

Getting some separation between the legs and the boots.

Separó un poco internamente las piernas de las botas.

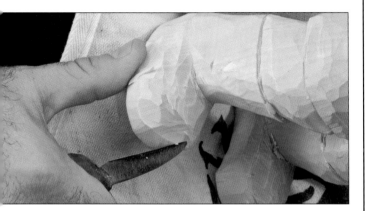

Round down the toes of the boots now.

Ahora redondee la parte de los tobillos de la s botas.

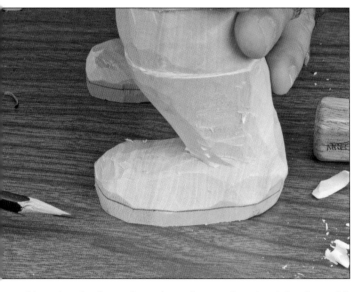

Now that the boots have been lowered to the right size, add the sole line.

Ahora que las botas están casi del tamaño deseado, añada la línea de límite de corte para hacer las suelas.

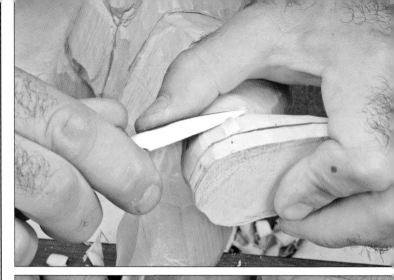

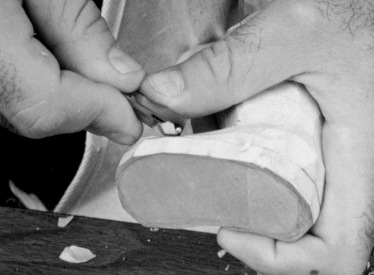

As before, make a stop cut line with a bench knife along the sole line. Reduce the boot above the sole away from the sole line. This may also be done with a V tool.

Como siempre, haga su línea limite de corte con su navaja sobre lo trazado. Utilizo una gurbia pequeña en V para separar en un solo corte la suela de la bota.

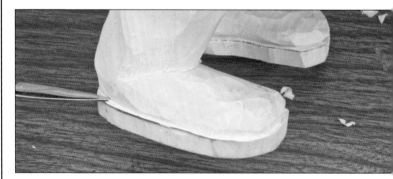

The soles are separated from the boots and the boots are being rounded.

Las suelas han sido separadas de las botas las continúo redondeando.

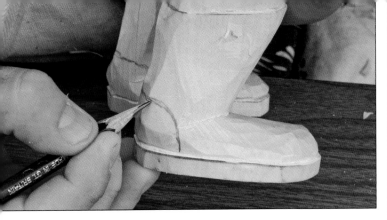

Now it is time to decorate the boots a bit. Adding details to the heels.

Es tiempo de detallar las botas un poco, añadiendo la parte de los tobillos.

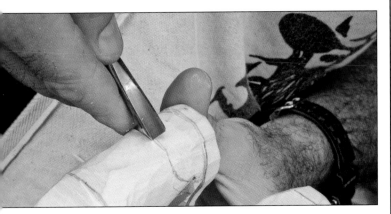

Cut in this line at the heel with a V tool, working around the heel of the boot.

Cortando esta parte con una gurbia V pequeña. Continúo con esta labor alrededor del tobillo.

Moving to the back, it is time to add some muscle definition. Add guidelines and follow down the center of the spine with a gouge, sweeping off to either side to create the muscles masses.

Emigrando a la espalda, es momento de añadir algunos músculos de la espalda. Trace algunas líneas para tallar esos músculos que atraviesan la espalda y convergen en la línea central o la espina dorsal.

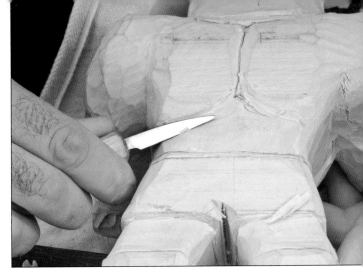

Using the bench knife to raise the muscle masses above the lower back and provide further separation between the lower back and the costume trunks.

Con la navaja tallo los volúmenes de la masa muscular de la espalda resaltando la separación de la espalda baja y los shorts.

Use the same gouge to begin to create the "abs" on the lower abdomen.

Yo utilizo la misma gurbia para crear los músculos abdominales.

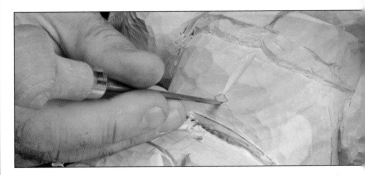

Use a #9 gouge to cut in the belly button.

Con la gurbia # 9 hago el ombligo.

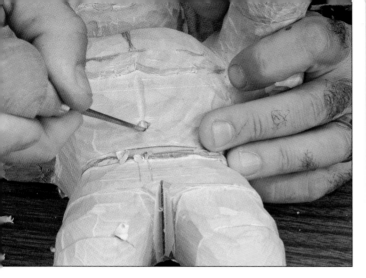

Hollow out the center of the navel.

Revise la línea central de la pieza.

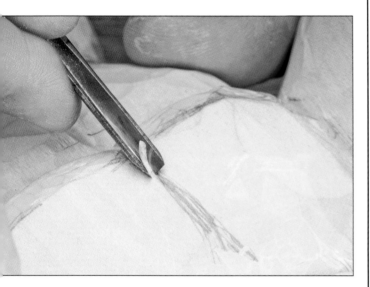

Separating the "pecs" on the chest a little bit.

Separo un poco los pectorales....

Rounding down the trunks and cleaning up the cuts.

Redondeeo los shorts y aprovecho para limpiar el trabajo.

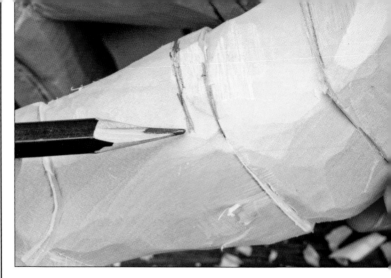

Now we can go back and add a few more details to the boots. Adding a line near the upper edge of the boots.

Podemos regresar a las botas para no clavarnos. Añado un detalle en la parte superior de las botas.

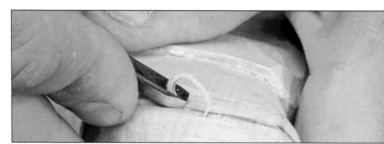

Cutting that upper seam line in with a gouge.

Utilizo una gurbia para delimitar este detalle.

Adding the lace lines to the front of both boots. Note that the tongue rises up to the top edge of the boot.

Añado en la parte frontal las Cintas de las botas. Las líneas de las Cintas están listas. Note como la lengüeta llega al tope de la bota.

Carve in the lace lines with the V tool.

Talle hacia dentro las líneas de las Cintas.

To begin carving the hands you need to first create three planes that will represent the various joints of the fingers. Use a bench knife to accomplish this. Makes sure to leave plenty of wood to carve for the fingers.

Para empezar a hacer las manos es necesario crear tres planos que formen las conyonturas de los dedos. Utilice su navaja para este fin. Asegúrese de dejar bastante madera para tallar cinco dedos.

It is time to draw on a pattern for the fingers. A Sharpie works well for this if you are confident in your drawing skills. Remember that this wrestler is holding onto the ring rope, waiting for his chance to enter the ring and the battle. The hands are curling down. Leave an opening for the rope. Begin by drawing the outside edge of the hand.

Es momento de trazar los dedos con lápiz. Un marcador Sharpie es ideal si te sientes confiado de tu desempeño como dibujante. Recordemos que este luchador estará agarrando las cuerdas del Ring esperando su oportunidad para brincar a pelear. Los dedos apuntan para abajo, deje la mano abierta por donde pasara la cuerda. Trace la parte exterior de la mano con lápiz.

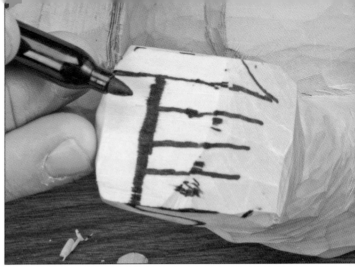

Now draw in the lines for the fingers on the front of the hand.

Ahora trace las líneas para la parte frontal de los dedos de la mano

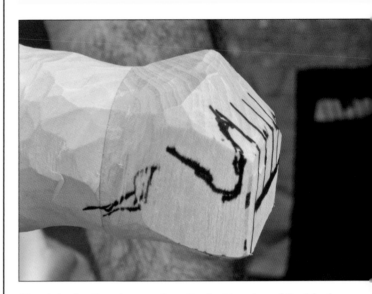

Sketch in the thumb as well on the inside edge of the block.

De igual forma dibuje el dedo gordo en la parte interior del bloque.

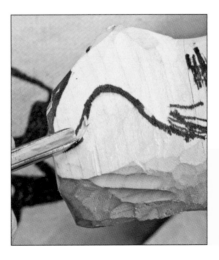

Begin following the pattern lines with a V tool to place a stop cut line around the edge of the hand.

Siguiendo estas líneas, corte esta parte con una gurbia V pequeña y delimite cada uno de los dedos.

Use your bench knife to begin cutting away the excess wood from inside the curved hand.

Utilice su navaja para trabajar en las manos, remueva suficiente madera de interior de la mano.

Start cutting excess wood away from the other side of the hand as well, being careful around the thumb.

Empiece tallando de la misma manera la otra mano, el dedo gordo es un buen comienzo.

Removing excess wood from beneath the fingers.

Removiendo la maderita de sobra debajo de los dedos.

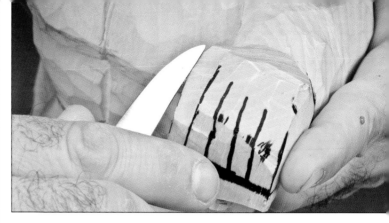

Lower the thumb by removing excess wood alongside the index finger.

Baje el dedo gordo removiendo Madera de los lados del dedo índice.

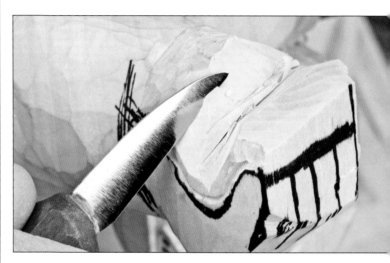

Beginning to open up the palm. Note that in this area, I'm removing wood in a V shape.

Empieza a abrir la palma. Yo tallo esta parte en forma de ángulo en V.

The thumb is beginning to be exposed as excess wood is relieved away from around it.

El dedo gordo se empieza a mostrar entre mas Madera remueva a su alrededor.

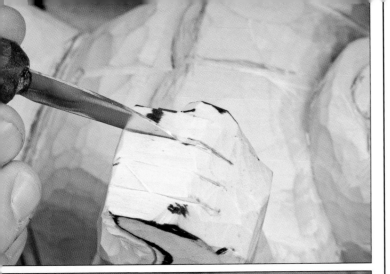

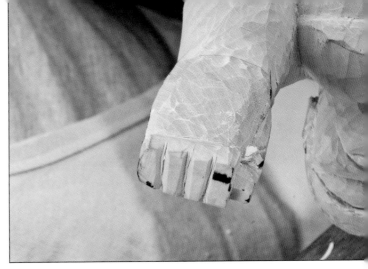

The hand is coming along. The palm is taking shape and the thumb is separated from the fingers.

La mano va surgiendo. La palma toma su forma y el dedo gordo es separado de los dedos.

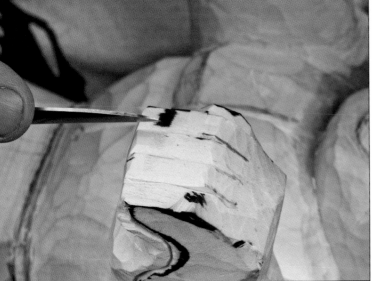

Cut in stop cut first and then make an angled cut on either side of the stop cut to create a V shaped separation for each finger. You can also use a V tool to accomplish the same thing.

En las separaciones de los dedos marque dos líneas encontradas para crear la visión de separación en V que delimita las partes del dedo. Se puede hacer esta labor con navaja o gurbia V pequeña.

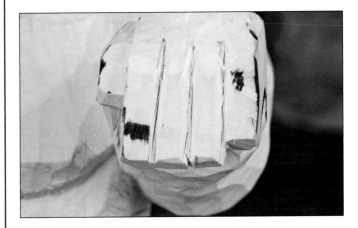

Fingers aren't of uniform length, so shorten the pinky finger a bit.

Los dedos no son uniformes de lo largo, disminuya el dedo chiquito un poquito.

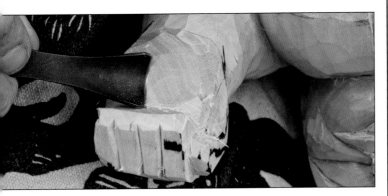

This #7 sweep is great for hollowing out the palm.

Esta gurbia #7 media es ideal para escarbar la palma.

Begin carving in the fingers on the inside of the hand, using the same technique as before.

Estilando la misma técnica, talle los dedos por la parte interior de la mano.

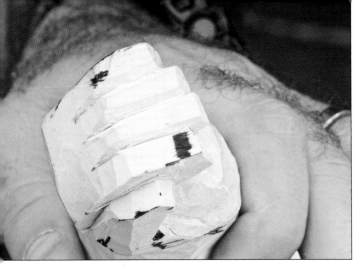

To adjust the length of the fingers, place a stop cut in along the line of each finger from the ends of the fingers and then cut in with the knife toward the stop cut to shorten three of the four fingers.

Para cortar los dedos a sus longitudes normales, haga un corte límite en la línea final de cada dedo y troce con su navaja los bloquecitos sobrantes. Es necesario disminuir tres de los cuatro dedos.

Reduce the bottom of the forearm down toward proper proportions as you reduce to palm to help you gauge proper proportions. Continue reducing the entire forearm gives you a better idea of when the hand is getting down to its proper size.

La muñeca del brazo es disminuida para tratar de lograr una proporción y naturalidad mas adecuada con relación a la mano. Tallando todo el antebrazo nos da una mayor idea en que momento nos acercamos a la proporción correcta.

Deepening the cuts separating the inside surfaces of the fingers with a V tool.

Profundizo aun mas los cortes al interior entre cada dedo con esta gurbia en V.

Reestablishing the curl of the fingers in a pencil sketch as we get close to the proper size for the hand.

Reestablezco la redondees de los dedos con un lápiz cada vez que me acerco a sus dimensiones mas acertadas.

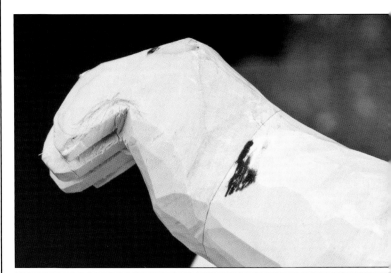

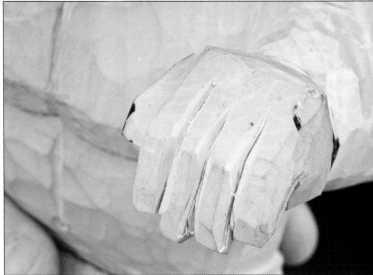

Progress with the hand.

El progreso en las manos.

Moving to the other hand, I've decided to change the wrestler's grip with the thumb around the rope rather than over the top of it. Once the pattern is in place, begin removing excess wood in the same way as before.

Emigro a la otra mano, he decidido cambiar el agarre de esta mano, el dedo gordo rodeara la cuerda en lugar de pasar por encima de ella. Una vez colocado el dibujo, talle esta mano de igual forma que la anterior.

With this different grip we have a little different approach to separating the thumb from the four fingers. Remove excess wood from between the thumb and forefinger with the bench knife.

Con esta otra posición de la mano obtenemos una forma distinta de separar el dedo gordo de los cuatro dedos. Remueva la maderita sobrante de entre el dedo gordo y los demás con su navaja.

The thumb is starting to take shape.

El dedo gordo empieza a sobre salir.

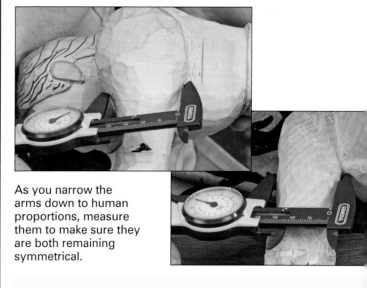

As you narrow the arms down to human proportions, measure them to make sure they are both remaining symmetrical.

Mientras disminuimos los brazos a proporciones mas humanas, los voy midiendo con mi pie de rey o escalimetro para mantener la simetría de ambos.

The lower arm is taking shape again, giving a better feel for the proper proportions for the hand we're carving.

El ante brazo esta tomando forma, dando una sensación de mayor proporción en relación a la mano que estamos tallando.

Carve the fingers into the hand as before. Keep reducing the excess wood and shaping the hand. Notice that I've started to shorten the appropriate fingers as well.

Talle los dedos de la misma forma que la mano anterior. Continúe removiendo la maderita sobrante y modelando esta mano. Note que trabajo en los dedos al mismo tiempo.

Right now the face is too flat. It is time to start deepening some of the features. Incising along the mustache and cheek line.

En este momento la cara esta muy plana, cual tortilla... Es momento de profundizar los cortes y los detalles de la cara. Remarque las líneas de expresión.

Recessing the wood more under the mustache and deepening the area beneath the lower lip.

Retocando aun mas el bigote por la parte inferior. Profundizando el área debajo del labio inferior.

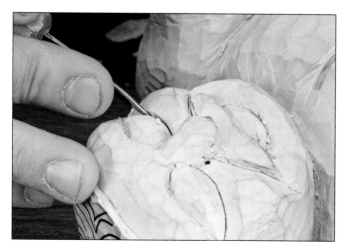

Cutting in more deeply under the eyes.

Profundizando aun mas debajo de los ojos.

Make an angled cut along either side of the nose. We will create nostrils now.

Corte en ángulo a cada lado de la nariz, talle la parte superior de los orificios nasales.

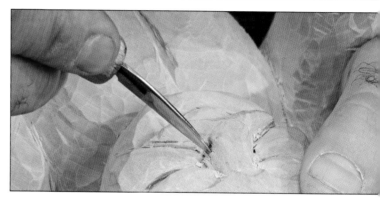

Carving in the curved outer edges of the nostrils.

Tallando la parte exterior de los orificios nasales.

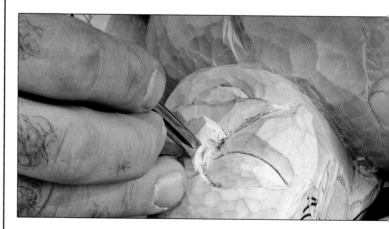

Establish stop cut lines along the outside of the nose and remove a little wood from above the nostrils to give them depth. Using a #5 sweep, I am now narrowing the sides of the nose.

Establezca cortes limites pequeños alrededor de la nariz y remueva maderita de la parte superior de los orificios para crear el volumen de los mismos. Con la gurbia #5 media, adelgazo los lados de la nariz.

Time to work on the eyebrows. Begin by sketching them in.

Es momento de tallar las cejas. Empiece dibujándolas en su lugar.

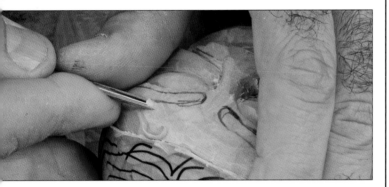

Using a #6 gouge to create a stop cut along the edge of the eyebrows.

Con una gurbia #6 haga sus cortes límites en los límites de la ceja.

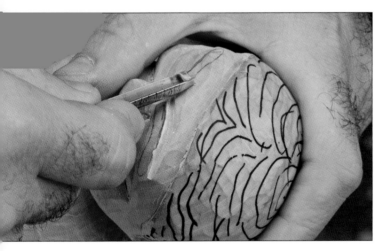

Using a #11 gouge to lower the wood around the tops of the eyebrows, up to the cut lines, to make the eyebrows stand out.

Utilizo diferentes gurbias dependiendo de cual me funciona mejor, experimento y descubro…disminuyo la maderita sobrante alrededor de las cejas y hacia la base de las mismas.

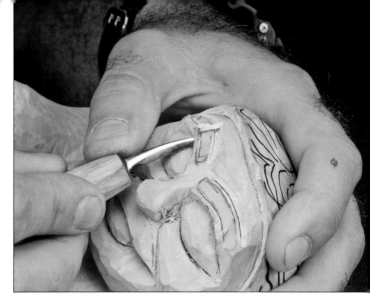

Along the bottom edges of the eyebrows I use a bench knife to remove excess wood.

Utilizo mi navaja para limpiar las orillas de las cejas, removiendo lo sobrante de Madera.

Using a #6 sweep to remove wood from between the eyebrows.

Con la gurbia #6 media limpio en medio de ambas cejas.

Recessing the forehead into the hairline.

Destacando la frente de la línea del cabello frontal.

Sketch in the upper and lower lids.

Dibuje el parpado superior. Y el parpado inferior igualmente.

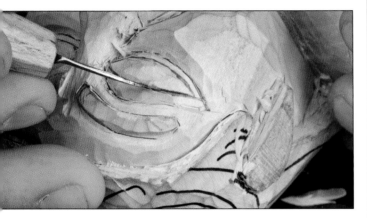

Make a stop cut line along the edge of each lid.

Corte suavemente su corte límite sobre la línea de cada parpado. Respire profundo.

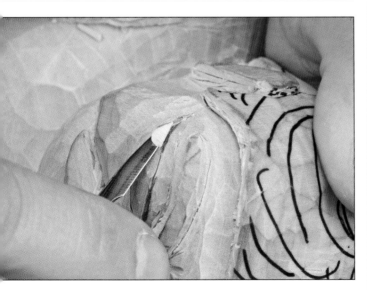

Begin to recess the eyeball a little bit beneath the lids; work up to the stop cut lines with your knife. You will have to reestablish the stop cut lines many times.

Empiece a resaltar la esfera ocular interna debajo de los parpados, cortando con su navaja de abajo hacia arriba. Deberá remarcar este corte varias veces.

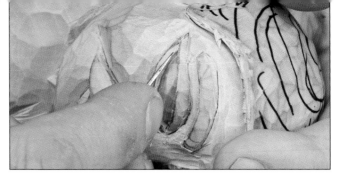

The eyeball is nearly in place. The lower lid goes beneath the upper lid in the outer corner. Carve more deeply into the corners of the eyes, giving them a little more depth.

La esfera ocular esta cerca de su lugar. El parpado inferior pasa por debajo del parpado superior en la esquina externa de los ojos, Talle mas profundidad en esas esquinas para crear la visión real.

The right eye and lid have been carved. Move on to the left eye.

El ojo derecho con los parpados esta tallado. Haga lo mismo en el ojo izquierdo.

Use a #6 U gouge to carve out the interior of the nostril.

Utilice una gurbia pequeña para hacer el interior de las fosas nasals.

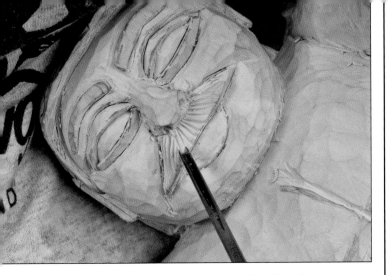

Carving in the mustache hairs with a #15 V tool.

Tallo los pelos del bigote con una gurbia V #15 muy pequeña.

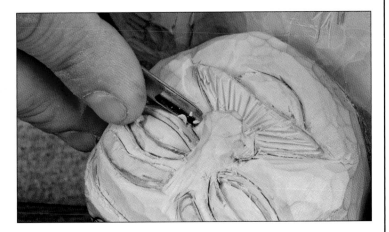

Separating the cheeks from the eyes.

Separo un poco más los cachetes de los ojos.

Use your V tool to add eyebrow hairs. The eyebrow hairs are now in place.

Utilice la misma pequeña gurbia en V #15 para los pelitos de las cejas. Las cejas ya parecen mas normales.

Draw in the inside of the lower lip.

Dibuje el interior del labio inferior.

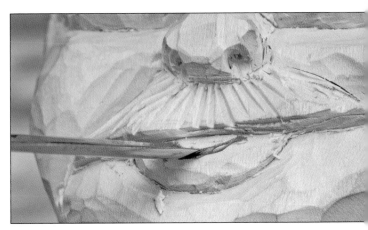

Using the #5 sweep to cut out the mouth interior. Of course the tool you use will vary with the size of the mouth you are making. Use the tool that serves you best.

Usando esta gurbia #5 media para cortar en el interior de la boca. Por supuesto que la gurbia que decida utilizar dependerá del tamaño de la boca, la selección de la gurbia a utilizar depende de usted, como siempre….

Using a small gouge, make a cut on either side of what will become the chin. Using a bench knife, remove excess wood outside of these cuts to give the wrestler a jutting chin.

Delimite la barbilla con una gurbia o navaja, remueva la maderita sobrante para crear en este luchador una cara con barbilla notoria dándole más personalidad al amigo.

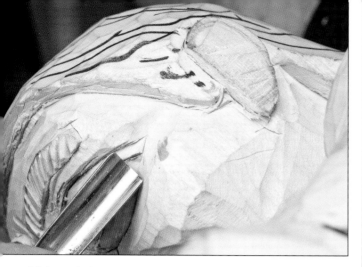

Make an indent on either side of the head adjacent to the eyes below the temples.

Haga un corte interno en cada lado de la cabeza, en la parte adyacente a los ojos por debajo de las sienes.

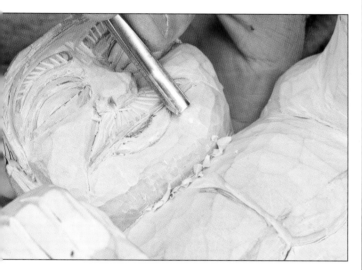

Removing excess wood from either side of the chin.

Remuevo la maderita sobrante de los lados de la barbilla.

The face so far.

La cara hasta este momento.

It is time to take a break from the face and carve in the hair. Start by drawing in a pattern to follow.

Es momento de dejar la cara y movernos a la cabellera. Empiece por dibujar las líneas de la caída y movimiento del pelo.

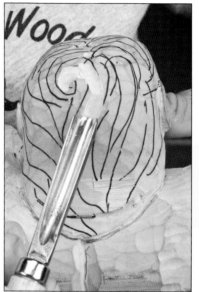

When carving the hair use three different sizes of gouges to create various hair masses.

Cuando talle el pelo utilice tres diferentes tamaños de gurbias para crear los volúmenes capilares.

The initial cut with the largest gouge. Note that the hair curls around from the crown of the head and then drops down the back.

Primero corte con la gurbia mas gruesa de las tres, note como el pelo empieza su caída y curvatura de la corona de la cabeza hacia abajo hasta la espalda.

45

The first cuts for the hair are in place. With the smaller gouge work inside of the first cuts to create ridges and shadows.

Los primeros cortes del pelo estan ubicados. Con una gurbia más pequeña re talle en la parte interior del surco ya tallado creando cimas y sombras.

With the smallest gouge, add hair between the cuts that were made with the large gouge. This adds finer hair and breaks up the wood masses between the major cuts. Removing excess wood from the back to recess the back below the level of the hair and to give the back a cleaner look.

Finalmente, con la gurbia más pequeña añada líneas de pelo en los interiores de los mismos surcos creados con las gurbias más grandes creando volúmenes interconectados. Removiendo el exceso de Madera de la espalda para marcar y limpiar la separación entre la melena y la espalda.

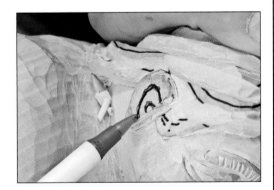

Moving on to the ears, draw in the ear patterns.

Regreso a las orejas, Dibujo la forma de las mismas.

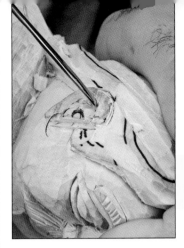

Use a small gouge to carve out along the outer pattern line.

Utilice una gurbia pequeña en V para marcar su corte límite.

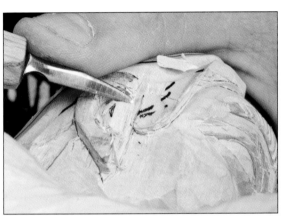

Using a larger gouge, hollow out the area between the outer and inner ear. Use a small blade now to trim down the front of the ear until it appears attached to the side of the head rather than rising out of it. Round the raised outer edge of the ear while you're here so the raised portion has no sharp edges.

Usando una gurbia más grande, Haga el hueco en medio del área exterior he interior de la oreja. Con una navaja de detalle, corte la parte frontal de la oreja hasta que esta quede al nivel de la piel de los cachetes. Redondee y elimine las esquinas y orillas de la parte exterior de las orejas dando una vista más natural.

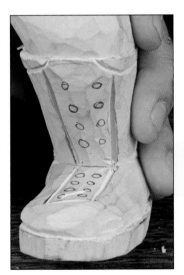

Moving back to the boots, here are the eyelets for the laces.

Otra vez en la botas… Aquí están los ojillos de las cintas.

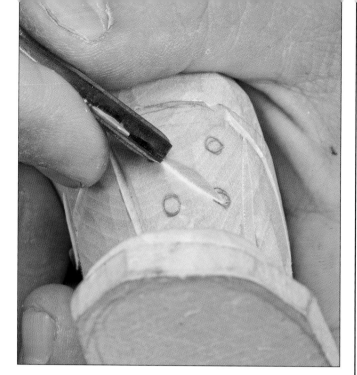

Use a small #12 V tool to carve in the laces between the eyelets.

La gurbia pequeña #12 funciona para detallar en medio de los ojillos y las cintas.

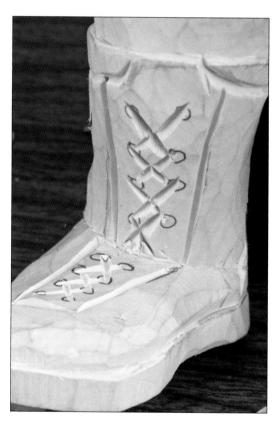

The laces are in place.

Las Cintas están en su lugar.

Now it is time to use some Swiss sandpaper and smooth down all the rough edges on the figure. The carving is complete and sanded.

Es momento de darle una pequeña lijada a la pieza para tumbar todas las esquinas anguladas. El luchador esta muy avanzado.

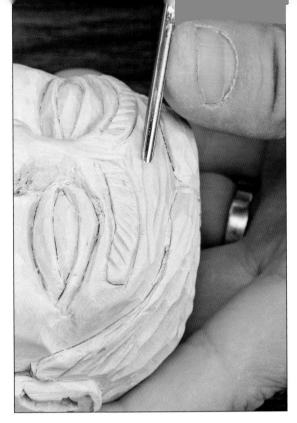

I'm using a #6 gouge to add lines to the forehead.

Añado algunas arrugas en la frente con la gurbia # 6.

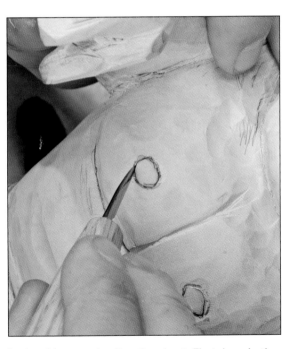

Let's add some detail to the chest. First draw in the nipples and then use a small detail knife to make a little stop cut.

Es momento de tallar los pezones del luchador con la navaja de detalle hago cortes límite alrededor, no muy profundo.

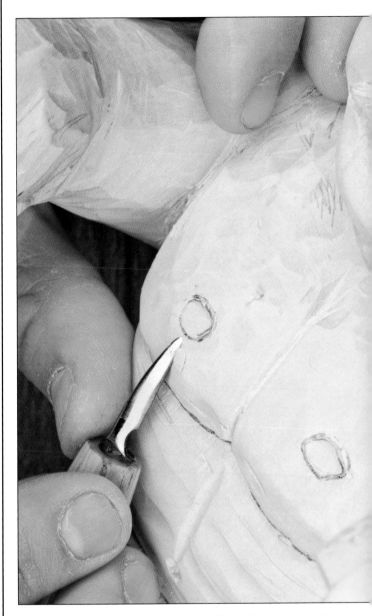

Shave away a little wood from around the nipple to give it dimension.

Talle la maderita sobrante alrededor de los pezones para darles dimensión.

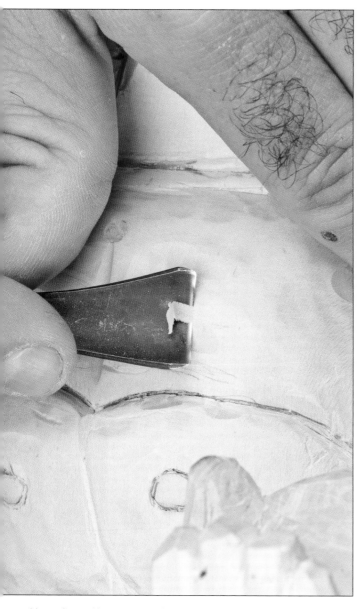

Use a large U gouge to give this wrestler 6-pack abs.

Con una gurbia U grande le imprimo los músculos abdominales aun mas.

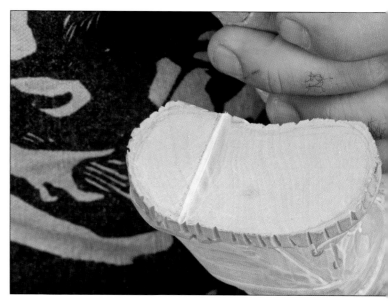

Use a small V gouge to separate the heel on the boots.

Con una gurbia V separo las suelas de las botas.

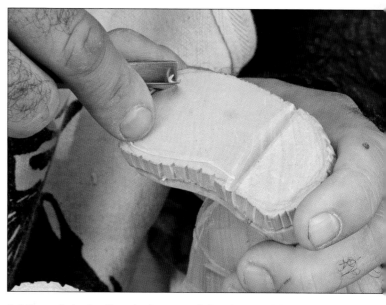

Adding a little detail to the bottom of the shoe and the sides of the soles with a V gouge. At this point, feel free to make this figure your own. Add little details you would like to see, such as fingernails and lines at the knuckles, or whatever you see fit to include. This will stretch your creativity.

Añado algunos detalles a la parte inferior de la bota y las orillas de la suela con una gurbia en V pequeña. Es momento de detallar todo lo que queramos. Depende de cada uno de nosotros detallar mas o menos nuestra talla, las uñas, las arrugas de las manos, en fin, esta es su escultura.

Painting the Mexican Wrestlers

It is time to paint the figure. I'm using a blend of Raw Sienna with a dot of Skin Tone acrylic paint. Mix a fairly large amount for this skin tone as we have a lot of area to cover and we want the color to be uniform. Thin the paint a bit by adding water to your brush.

Es momento de pintar la pieza. Yo hasta ahora siempre utilizo una mezcla de raw Siena con un poco de Skin tone, dependiendo del color de la piel mas morena o mas blanca. Mezcle suficiente color piel para pintar todo el cuerpo en un mismo tono, diluya la pintura con agua.

Applying the skin color to the back. Make sure the coat is even. Try to paint in the same direction as the grain.

Pinto la espalda…. Asegure un pintado uniforme. Trate de pintar en la misma dirección de la beta de la madera.

Pintar la Lucha Libre Mexicana

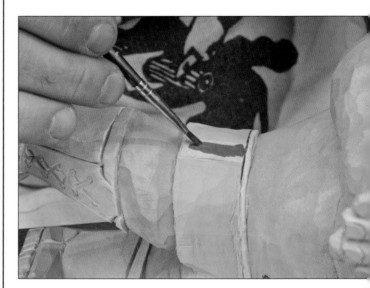

Citron Green is used on the shorts. I want this guy to be colorful. I'm using Metallic Red for the running stripes.

Los shorts los pinto con un verde muy vivo para darle personalidad. Los shorts están ya pintados, excepto las líneas de los lados y la parte superior, creo que un rojo metálico se vera folklórico. Esa es la idea….

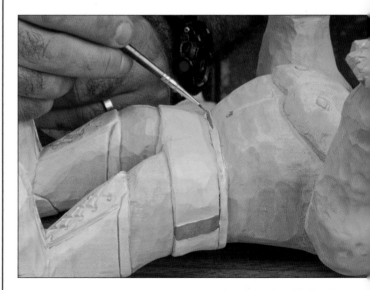

If you have steady hands, paint the waistband Metallic Red as well.

Las líneas están pintadas, pinte de igual manera la parte superior del short con el mismo rojo metálico.

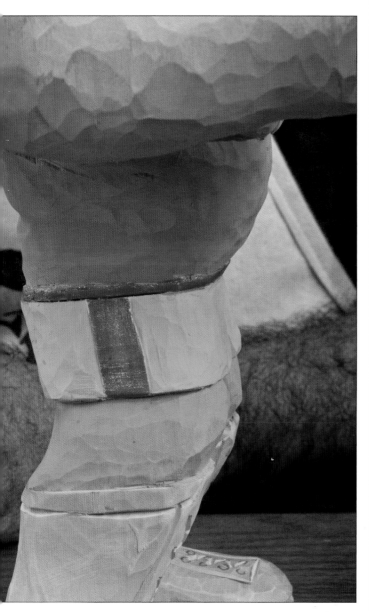

The waistband is complete.

La banda del short esta pintada.

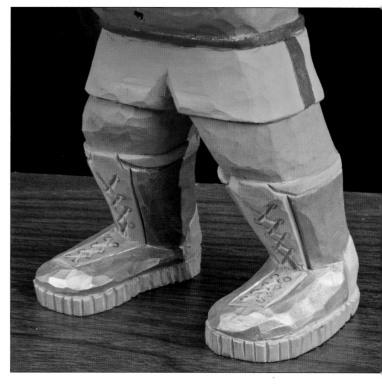

Painting the body of the boots Metallic Blue Pearl. I don't usually use the metallic colors, but the extra flash works well with wrestlers.

Pinto el cuerpo de las botas de un color azul metálico. Es primera vez que utilizo colores metálicos, pero con los luchadores es muy característico.

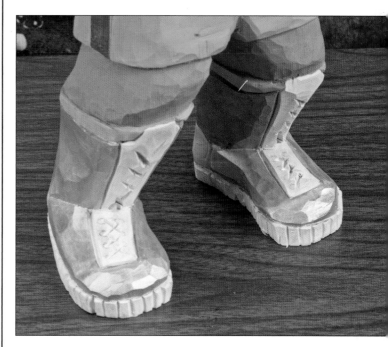

The rest of the detailing is white, except for the heel and the trim along the upper edge.

Los detalles faltantes los pinto en blanco, excepto la suela y el detalle superior de la bota.

The boot heels and upper edge will be Festive Green.

Los tobillos de la bota y el detalle superior los pinto en verde festivo.

Paint the bootlaces black.

Pinte las Cintas de las botas en negro.

Paint the hair, eyebrows, and mustache coffee bean brown.

La cabellera, las cejas y el bigote los pinto de un café color semilla de café.

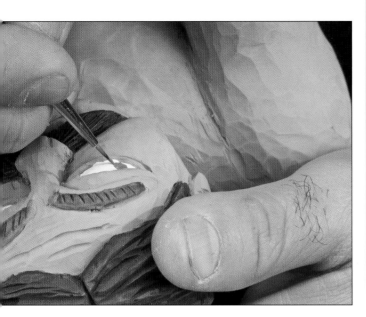

Now paint the eyes. The whites are white … of course, and the centers are Azure blue in this case. This takes a fine brush and a steady hand. Decide if you want him to be looking straight ahead or off to one side. Don't center them if you want him to be looking off to either side. Keep the two eyes symmetrical.

Ahora es turno de los ojos. Lo blanco del ojo es ….blanco, y el centro será Azul en este caso. Esto de pintar los ojos requiere un buen pulso y un pincel súper delgado. Decida si quiere que este volteando de frente o a un lado. No centre los ojos si lo que quiere es que este vea a un costado. Pinte ambos ojos del mismo tamaño.

Both eyes are now in place.

Ambos ojos están en posición.

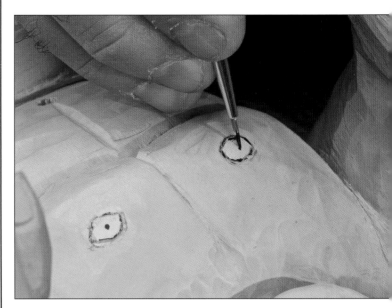

I've combined a little red and skin tone to paint the nipples. Using black paint to add details to the nipples.

Mezclo un poco de rojo y tono de piel para los pezones del amigo. Un poco de negro para los detalles de los pezones.

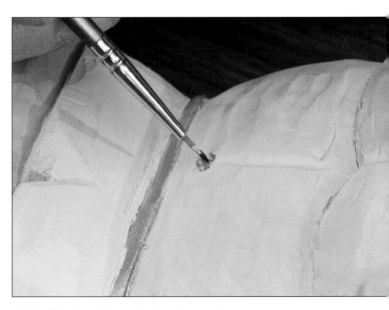

Add a little dot of black inside the navel.

Añada un punto negro aquí.

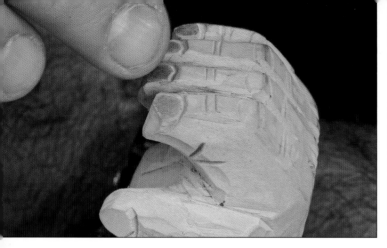

Add a little wash of black to the nails and wipe much of it away with your fingertip to add a little color.

Añada un poco de mezcla de negro y agua muy diluido en las uñas para dar un poco de volumen y color.

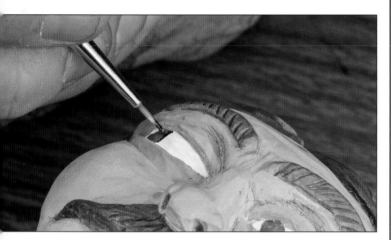

Once the eyes have had a chance to dry, add a thin black ring around the outside of the colored iris.

Una vez que los ojos están completamente secos, Añada una línea en la circunferencia exterior del iris.

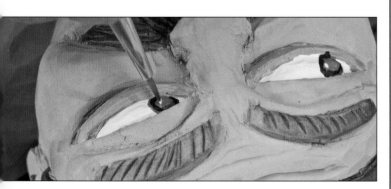

Add a single dot of white to each eye to show reflected light off the glistening surface and to give the eyes life.

Añada el punto de la vida. Este es un pequeño punto blanco que le da luz a la mirada en general. Un puntito por ojo.

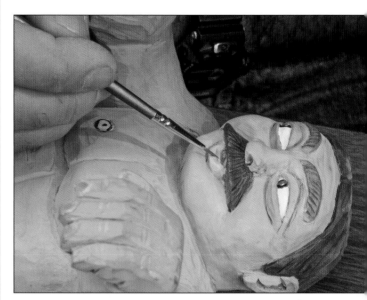

Once the red wash is in place on the lip, add a very thin wash to the cheeks to give them a little color.

Una vez mezclado agua con color rojo, añada esta solución en los cachetes y los labios para darles más vida.

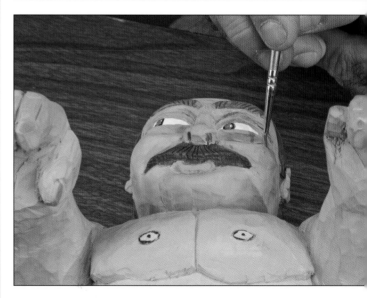

Make a thin brown wash with Coffee Bean Brown and start shadowing the figure wherever there is a fold or crevice. This accentuates the features, like the pecs and abs.

Yo le doy sombras con una mezcla de Café color semilla de café y agua a todas las hendiduras así como en los dobleces o arrugas. Esto acentúa la talla.

I've decided to decorate the trunks. You can decorate them any way you want to show just how bad these wrestlers dress. Note the shading in all the recesses, as well as the dots on the trunks.

Eh decidido decorar de bolitas el short, esto denotara la excentricidad de estos personajes tan folklóricos. Observe las sombras en lugares diversos como acentúan al amigo.

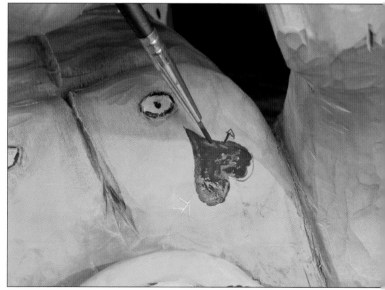

I'm adding a tattoo. Draw the pattern in pencil and paint. It can be as simple or as elaborate as you like.

Le añado un tatuaje. Dibuje el tatuaje y píntelo. El tatuaje puede ser tan elaborado como quiera.

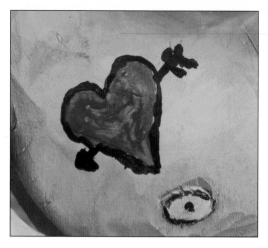

The finished tattoo.

El tatuaje terminado.

Rub some wax over your sculpture to protect the paint. Leave it in place for about ten minutes and then wipe away what hasn't soaked into the wood. Not only does the wax protect the paint, but it also brings up the color a lot.

Unte o embarre cera liquida a toda la pieza y deje reposar veinte minutos. Quite con un trapo toda la cera de la pieza que no se halla absorbido en la madera. No solamente protege la madera, también resalta el color de una manera formidable.

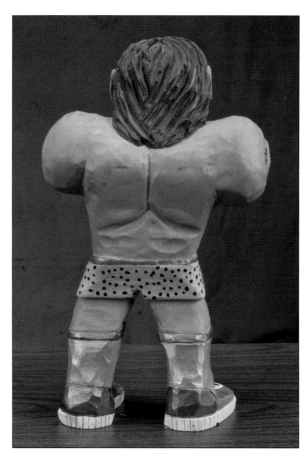

The painting is complete.

El trabajo de pintura a terminado.

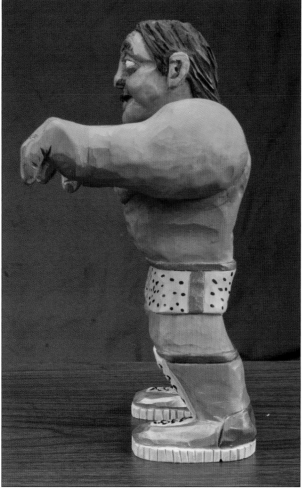

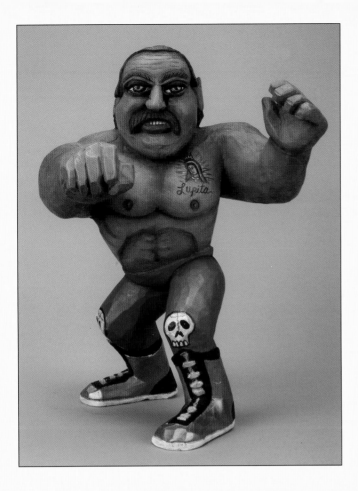
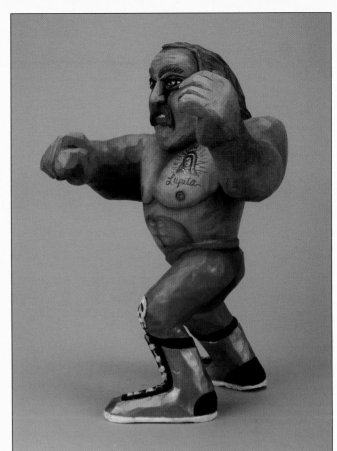

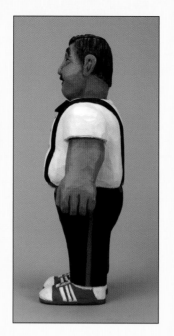
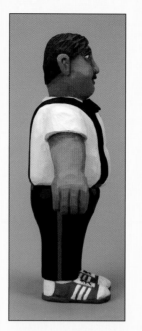

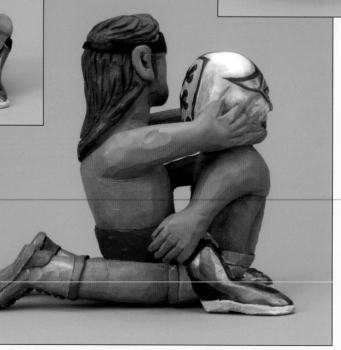

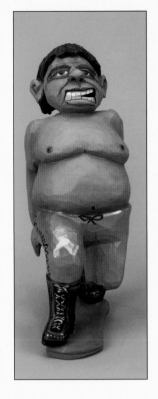
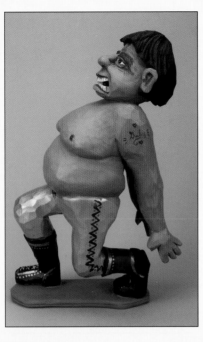

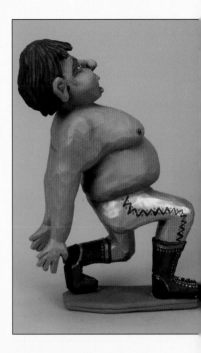
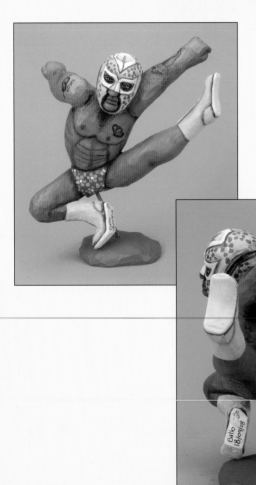

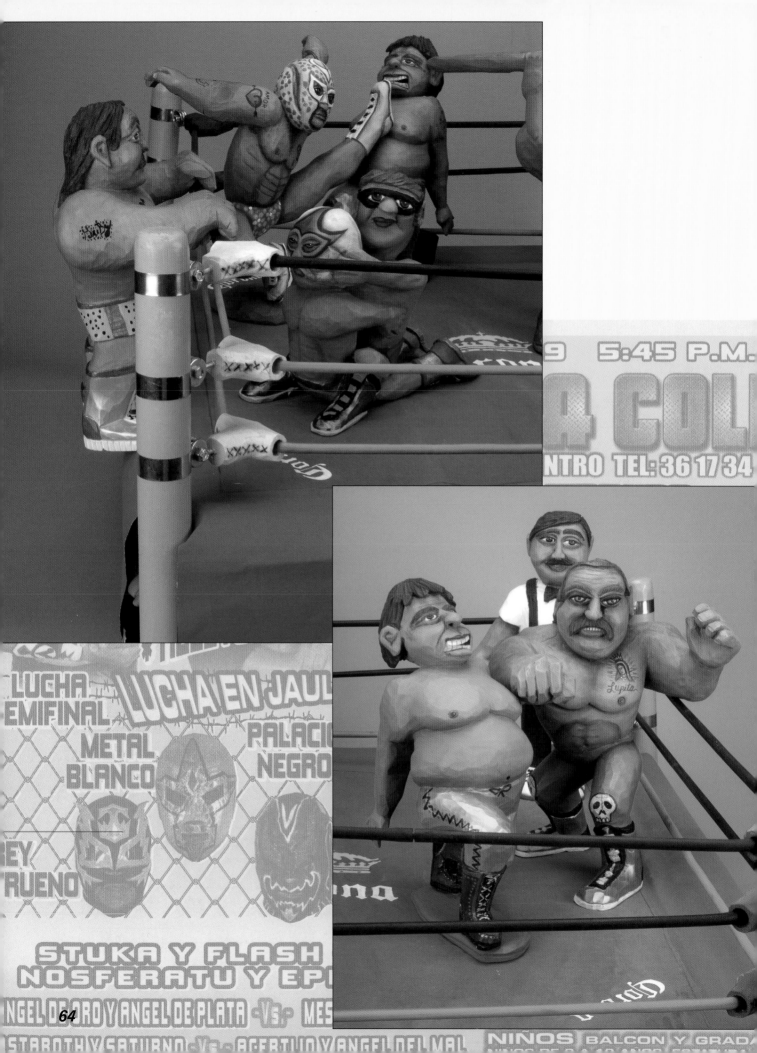